RÉSURRECTION
MODE D'EMPLOI

Les textes bibliques sont tirés de la traduction de la Bible de Jérusalem, souvent revue par l'auteur.

Directeur de la rédaction : Pierre-Marie Varennes

Direction éditoriale : Romain Lizé
Direction d'ouvrage : Pauline Berthelé
Maquette : Elena Germain
Relecture : Catherine Mas-Mézéran
Fabrication : Thierry Dubus, Florence Bellot
ISBN : 978-2-9171-4646-0 / MDS : 521 061

www.magnificat.fr

FABRICE HADJADJ

RÉSURRECTION MODE D'EMPLOI

MAGNIFICAT

Paris • New York • Oxford • Madrid

À tous les déçus de Suicide, mode d'emploi
et de Comment s'éclater dans sa carrière,
ce petit guide autrement efficace.

Ah ! qu'il serait ensorcelant, qu'à l'instant même, au moment juste où tout nous cloue, s'échappe, jaillisse hors du cercueil miraculeux trille de flûte ! Quelle surprise ! Quelle leçon pour les familles !… Le premier bonhomme Casse-la-Pipe n'ayant pas vécu pour de rien, ayant enfin surpris, compris toutes les grâces du Printemps ! Révolutionnaire des Ombres ! Trouvère aux Sépulcres ! Baladin faridondant aux Antres du Monde !… Je voudrais être celui-là ! Quelle ambition ! Nulle autre ! Pardi !

Céline, *Guignol's band I*

J'ai toujours été croyant. Ce qui est assez compréhensible : je viens d'une famille plutôt athée. J'ai donc d'abord cru en mes parents comme à des dieux (je n'ai pas eu à déboulonner l'idole, elle est assez vite tombée d'elle-même). J'ai aussi cru en Chantal Goya, quand elle chantait « Ce matin, un lapin a tué un chasseur ». J'ai cru en Actarus, le prince d'Euphor, qui pilotait Goldorak. J'ai cru en Charles Ingalls et à sa *Petite maison dans la prairie* (trop peu de temps, hélas : j'habitais au milieu des tours de La Défense). Puis j'ai cru à la *playmate* du mois, dans *Playboy* (ou *Newlook,* ce qui veut dire « nouveau regard »). J'ai cru que les nourritures poussaient directement sur les rayonnages des supermarchés (et j'ai encore beaucoup de mal à imaginer le temps qu'il faut réellement pour qu'engraisse une dinde ou mûrisse une pomme). J'ai cru un instant que mon sexe n'était qu'un genre et une fiction (mais l'instant suivant j'ai vu passer une très jolie fille, et la fiction m'est apparue aussi réelle qu'un arbre au printemps). J'ai cru à la Révolution française et à la révolution socialiste, quoique mon père ne fût qu'à la CFDT…

J'ai bientôt cru en Nietzsche, certain par là d'être *Par-delà le bien et le mal*, et en Georges Bataille, quoiqu'un peu trop timide pour m'engager tout à fait dans la discipline de l'orgie. Alors j'ai cru en Hegel, afin d'essayer de récapituler tous les moments antérieurs de ma croyance, puis, revenu du « savoir absolu », j'ai cru en Céline, prêchant l'évangile du *Voyage au bout de la nuit*. J'ai cru en même temps au bouddhisme zen – je l'avoue – et me suis assis avec des directeurs commerciaux et des institutrices ménopausées pour admettre la merveille de ma vacuité intime. Dans tout cela, bien sûr, je croyais beaucoup en moi-même, et surtout je croyais ne pas être croyant.

Et un beau jour, plouf! tout ce mysticisme fut emporté par le torrent de la vie. J'ai redécouvert que j'étais juif et français, pour découvrir aussitôt, dans de vieux livres en français, que Dieu s'était fait juif. Si bien que je suis devenu chrétien. Et même catholique. Ce fut la fin des temps où j'étais si crédule. Et le début d'une très profonde – et humiliante – objectivité.

Principe de réalité

La foi en un certain charpentier galiléen nommé Jésus, mort et ressuscité à Jérusalem « sous Ponce Pilate » – c'est-à-dire dans une petite province de l'Empire gouvernée par un fonctionnaire de l'administration romaine –, fut très efficace pour me remettre les pieds sur terre. Cette foi est trop circonstanciée pour être de nature à nous laisser planer parmi les abstractions des « sciences » ou des « spiritualités ». Le fait de la résurrection, surtout, est un principe de réalité assez sévère. Ceux qui y ont cru étaient des pêcheurs sachant réparer leurs mailles, des maçons capables de bâtir des cathédrales, des moines habiles à défricher et labourer des champs, autant dire des gens extrêmement pratiques et concrets. Croire au Ressuscité, c'était pour eux aussi solide que planter du blé ou construire une basilique romane. Et plus solide encore, puisqu'ils s'appuyaient sur cette foi pour élever la voûte comme l'épi.

Les Évangiles de Pâques vont tous en ce sens. Ils prennent nos chimères à rebrousse-poil. Immanquablement, si nous devions nous imaginer un homme entré dans la gloire divine, nous nous le représenterions réalisant des choses extraordinaires – brillant mieux qu'une vedette à la cérémonie des Oscars, jonglant avec les étoiles, établissant une harmonie telle que *le loup habite avec l'agneau, et la panthère couche avec le chevreau* (Is 11, 6)…

Or, il faut se rendre à l'évidence, Jésus ressuscité ne fait rien de tout cela. Hormis un filet de poissons plein à craquer et une ascension à propos de laquelle deux hommes en blanc refroidissent l'assistance en lançant: *Pourquoi restez-vous ainsi à regarder le ciel?* (Ac 1, 11), il n'accomplit guère de miracles. Ou, s'il en accomplit, ce sont des sortes de miracles à l'envers, dans le sens de la discrétion, de la réserve, du quelconque.

Curieusement, après sa résurrection, non seulement il resplendit moins que lors de sa transfiguration au Thabor, mais il n'a même plus son charisme d'avant: Marie Madeleine le prend d'abord pour un simple jardinier, les disciples d'Emmaüs pour le plus ignare des habitants de Jérusalem, les Apôtres pour une sorte de pêcheur à la retraite sur les bords du lac de Tibériade… Il a franchi le trépas, il est remonté des enfers, et il tient, malgré tout, avec une pudeur inexplicable, à se manifester comme un passant: *Il fut là au milieu d'eux* (Lc 24, 36; Jn 20, 19 et 26). Les évangélistes insistent sur cette modestie. *Au milieu d'eux*, cela veut dire avec une familiarité surprenante, plus surprenante que toute fantastique apparition, parce que dans cet ordre de choses, c'est à une fantastique apparition que l'on pouvait s'attendre.

Et l'on s'y attend même à tel point, à cette apparition fantastique, qu'on ne lit plus ce qui est écrit: on se figure qu'il a traversé les murs, qu'il a prononcé des paroles ésotériques, qu'il s'est présenté comme un super passe-muraille auréolé de lumière. Mais non. Il a simplement été là. Il leur a dit : *La paix soit avec vous,* ce qui équivaut à dire bonjour. Il a rompu le pain, mangé du poisson grillé, partagé leur repas. Il leur a commenté les Écritures comme on raconte à table une aventure qui nous serait arrivée dernièrement. Et au lieu de leur faire une démonstration de force – en pliant par exemple une barre de fer par la puissance de la pensée – il leur a montré ses plaies. Dans les miracles ordinaires les plaies disparaissent ; ici, elles restent, éternellement.

Le réel en source

Après tout, il y a mieux que de faire des choses extraordinaires : c'est d'illuminer l'ordinaire de l'intérieur. Et Jésus ne saurait faire autrement s'il est bien le Verbe créateur et rédempteur – le même qui crée, le même qui sauve, et le même qui sauve ce qu'il a créé, sans quoi il ne sauverait rien (pas de « table rase » ici, mais une table qui assume le « fruit de la terre et du travail des hommes »). L'ordinaire, c'est lui qui l'a inventé, comme une chose que personne n'avait faite avant lui. Comment le dédaignerait-il ? Il le rachète donc, il le rehausse, il en relève la fantaisie. Bien sûr, il s'est laissé aller par-ci par-là à des prodiges impressionnants et même assez nombreux, comme de guérir des malades par simple contact de son vêtement ou de nourrir des milliers d'affamés avec de quoi faire un en-cas pour deux. Mais il faut reconnaître qu'à l'échelle de son séjour ici-bas (quelques moments des trois années de sa vie publique contre trente ans de vie cachée et sans bruit), surtout pour quelqu'un qui est tout-puissant, ce sont des effets somme toute assez limités. Et pour cause ! S'il faisait surgir une ville entière du sol, on risquerait d'oublier qu'il est déjà en train de créer l'univers tout entier. S'il avait, d'un claquement de doigts, fabriqué des toitures, on finirait par ne plus comprendre qu'il a fait d'emblée beaucoup mieux : des hommes avec tous leurs membres, et qui exercent, avec l'énergie qu'il leur donne, l'art de la charpenterie. Moïse peut de son bâton ouvrir la mer Rouge. Jésus, en tant que Verbe éternel, est l'auteur de la mer Rouge elle-même, jusque dans le plus petit scintillement de la plus petite de ses vagues, si bien que la chose la plus étonnante de sa part n'est pas de la fendre d'un geste ni d'en calmer la tempête (quoi de plus naturel ?) mais de demander à la Samaritaine un verre d'eau.

Aussi ses quelques miracles finissent-ils toujours par déjouer le spectaculaire. Le Rédempteur ne saurait éclipser le Créateur, puisque c'est un seul et même Dieu. Voilà pourquoi ses actes extraordinaires n'ont pas pour but de détourner, mais de ramener à l'ordinaire – dans sa provenance et sa providence insondables. Quand il rend la vue à l'aveugle, c'est pour qu'il s'émerveille de voir comme tout le monde. Quand il guérit la belle-mère de Pierre, c'est pour que Pierre puisse admirer sa belle-mère (miracle au second degré). Quand il sort Lazare du tombeau, c'est pour que Lazare puisse ensuite mourir encore, en toute vérité.

Les horaires de rendez-vous sont nécessaires pour permettre l'inattendu de la rencontre, mais rien n'empêche d'y déroger parfois pour marquer le sens d'une ponctualité qui, à force, pourrait nous paraître mécanique et fastidieuse. Un brave directeur d'école, qui a établi l'emploi du temps, peut exceptionnellement le suspendre afin d'organiser une petite fête impromptue où il rappellera que si la cloche sonne, ce n'est pas pour que les élèves rentrent dans le rang, mais plutôt pour permettre cette improbable confrontation du professeur à barbiche et du cancre à casquette, qui jamais, autrement, n'auraient songé à se rencontrer. Ainsi le miracle ne suspend le cours ordinaire des choses que pour rouvrir nos yeux fermés par la routine et dévoiler le don qui se cache derrière leur train-train habituel. Il jaillit de la source du réel plus directement que le réel lui-même : le réel soulève alors ses jupes et fait entrevoir son originalité vertigineuse. Rien de plus commun que d'avoir les yeux en face des trous : on ne s'en étonne plus. Mais lorsque par miracle l'aveugle-né se met à voir comme tout le monde, la vue nous apparaît pour ce qu'elle est vraiment : un don qui vient de l'Invisible. Et ainsi de suite, selon le même procédé, la belle-mère apparaît comme un bienfait de l'Éternel, et la mort comme la possibilité de la suprême offrande…

Gloire et quotidien

Nous touchons ici à l'un des problèmes les plus importants de l'existence, quelque chose qui ressemble à la quadrature du cercle et que l'on pourrait appeler la réconciliation de la gloire et du quotidien. Sans doute y a-t-il une certaine médiocrité à se contenter du quotidien et à ne point ambitionner la gloire. Mais il y a aussi de la bassesse à se réjouir d'une gloire où l'on se dore sous les feux des projecteurs sans plus savoir être reconnaissant pour le soleil de chaque jour. Combien d'artistes ont trouvé l'inspiration parce qu'ils voulaient s'épargner de passer l'aspirateur ? Combien de philosophes ont forgé de puissantes théories sur l'Homme parce qu'ils voulaient s'éviter de vivre avec une femme ? Des conquérants ont bâti des empires par incapacité à cultiver un jardin. Des écrivains ont produit des chefs-d'œuvre par peur d'avoir à élever des enfants. Quant aux futurs surhommes, ce sont bien entendu les plus inaptes de tous. Leurs prothèses bioniques ignorent

la révolution d'une simple caresse ou le bonheur de fabriquer un meuble avec ses mains. S'ils désirent des connexions permanentes avec des mémoires de 1 000 petabits, c'est parce qu'ils n'ont jamais su *regarder les oiseaux du ciel* ni *contempler les lys des champs* (Mt 6, 26 et 28). Et si, grâce à un contrôle sanitaire de chaque seconde, ils espèrent devenir immortels, c'est parce qu'ils n'ont rien à quoi donner leur vie (voilà pourquoi ces immortels vivront moins longtemps que beaucoup de mortels : ils auront assez vite envie de se vouer aux derniers progrès de l'euthanasie). Leur obsession des super-pouvoirs est la marque de leur impuissance : ils n'arrivent pas à concevoir l'incroyable du visible, le présent de chaque présence, l'impressionnant de chaque impression, le sensationnel de chaque sensation…
Le Ressuscité n'est pas de ces surhommes. Sa gloire épouse le quotidien. À peine a-t-il atteint la cime de la perfection qu'il ne trouve rien de mieux que de se retrouver parmi ses amis pour converser et manger avec eux. Il tient à se montrer simplement humain, et rien que cela suffirait à prouver qu'il est Dieu (car un simple humain ne voudrait surtout pas paraître simplement humain, il aurait même la fâcheuse tendance à en faire des tonnes pour paraître *comme un dieu*). Le Ressuscité ne jongle pas avec les étoiles parce que les étoiles sont déjà sa jonglerie. Il ne brille pas à l'égal d'une vedette

parce qu'il veut enluminer la trogne du premier venu. Et il fait déjà que *le loup habite avec l'agneau, et la panthère couche avec le chevreau,* puisqu'il envoie ses disciples *comme des agneaux au milieu des loups* (Lc 10, 3) et qu'il me donne de coucher fidèlement avec ma femme.

Se lever le matin

Telle est donc la thèse qui ordonne ce petit livre : les apparitions du Ressuscité ont un caractère éminemment pratique. Elles ne sont pas des fantasmagories pour fuir le *hic* et spéculer sur les lointains ; elles nous reconduisent à l'amour du prochain, nous apprennent à voir les choses *d'en haut,* c'est-à-dire non pas d'autres choses que le commun des mortels, mais les mêmes choses à partir de l'Esprit. Jean observe que l'essentiel est là : *Il n'avait pas encore reçu l'Esprit, parce que Jésus n'avait pas encore été glorifié* (Jn 7, 39). Et Jésus l'explicite dans son dernier discours avant la Passion : *C'est votre intérêt que je parte ; car si je ne pars pas, le Paraclet ne viendra pas vers vous ; mais si je pars, je vous l'enverrai* (Jn 16, 7).
La Pâque s'accomplit dans la Pentecôte. On peut sortir d'Égypte, mais cette libération serait le plus grand désastre si chaque Hébreu n'avait quitté l'esclavage que pour devenir un petit Pharaon. On peut admirer la victoire du Ressuscité, mais cette ascension serait la plus grande chute si le fidèle ne se défaisait de sa peur de la

mort que pour devenir un monstre d'orgueil, mépriser les œuvres du Créateur, ignorer l'humilité du Messie. La glorification de Jésus doit déboucher sur la disparition du Ressuscité et l'envoi de son Esprit qui fait vivre le quotidien à partir de son jaillissement, depuis et vers l'Ineffable.

Les verbes que nous traduisons solennellement par « ressusciter » (*egeíro*, *anístèmi*) renvoient en grec à des actions ordinaires : se lever, se réveiller, se mettre debout. L'ange Gabriel en use avec Joseph : *Lève-toi, prends l'enfant et sa mère* (Mt 2, 13). Jésus, avec le paralytique : *Lève-toi, prends ton brancard et marche* (Mc 2, 9). Tenir sur ses deux jambes, quoi de plus banal ? Seul un ex-paralytique peut nous rappeler que c'est un privilège. Et un privilège redoublé par le fait d'y ajouter ses bras et d'être passé de grabataire à brancardier (ce que le brancardier habituel oublie souvent, lui qui croit être en position de secoureur, alors qu'il est avant tout en position de secouru par Dieu). Car le lit qui naguère le transportait, l'ancien paralytique le transporte à présent comme l'enseigne de ce délice à nul autre pareil. En cela, il est plus fort que le cyborg blasé d'avoir des jambes et qui veut des réacteurs à la place.

Dans le même ordre d'idées, quoi de plus ordinaire que d'être père ? Même notre père a réussi à l'être, c'est pour dire ! Aussi croyons-nous aisément qu'il est beaucoup mieux d'être expert dans un secteur particulier et de préférence innovant. Et pourtant ni Joseph ni Marie ne travaillent dans ce genre de secteur. Leur sainte famille nous rappelle que, plus que l'invention technologique ou même artistique, la paternité et la maternité sont l'accomplissement et la nouveauté éternels. Les anges descendent du ciel pour des choses aussi banales, alors qu'ils ne bougent pas pour la fabrication d'une intelligence artificielle supérieure (sinon peut-être pour la faire « buguer »).

Quand la machine se perfectionne, c'est surtout pour que nous puissions rester sous les couvertures à nous divertir avec des films d'évasion. Mais que le Christ ressuscite, c'est avant tout pour que nous puissions nous lever le matin, tout simplement, dans l'action de grâces – ce à quoi ne saurait suffire un percolateur Nespresso.

Mode d'emploi de ce mode d'emploi

Il y a déjà une publication tristement célèbre qui s'intitule *Suicide, mode d'emploi* : celle-ci répertorie des techniques assez expéditives pour se faire arrêter le cœur ou sauter la cervelle. Hélas ! avec la résurrection, nous ne pouvons pas prétendre à une telle efficacité. S'il est relativement aisé de mettre fin à ses jours, il est en revanche beaucoup plus dur d'y mettre un commencement. On ne se tire pas de six pieds sous terre comme on se jette du sixième étage. Je suis capable de m'éliminer des vivants, pas de me ressusciter des morts.

Cette impossibilité correspond cependant à une autre impossibilité très courante : celle de m'être donné à moi-même la vie. En effet, il est aussi impossible de se ressusciter que de se faire naître. Et pourtant – chose incroyable pour notre orgueil ! – nous sommes nés. On répliquera sans doute que se faire naître est impossible à l'homme pris comme individu mais pas à l'homme pris comme espèce (puisque nous avons déjà fait naître, à l'évidence, un certain nombre d'enfants), tandis que ressusciter est impossible à l'espèce aussi bien qu'à l'individu. À cela je répondrai que l'analogie a certainement ses limites, mais que, sous un certain rapport, qui n'est pas le moins essentiel, elle conduit plutôt à affirmer qu'il est plus impossible d'être né que d'être ressuscité, et que c'est d'ailleurs pour cette raison que la technologie la plus avancée tend à fabriquer des individus plutôt qu'à les laisser naître – ce dont on peut dès lors l'excuser, remarquons-le.

Consentir à être né est plus difficile et plus fondamental, au fond, que de consentir à la résurrection. D'une part, être né de Jeanine et Raymond est moins exaltant que de renaître directement de Dieu. D'autre part, accueillir la joie de la vie céleste suppose d'avoir déjà accueilli une certaine joie de vivre, alors même qu'on est encore ici-bas, et résidant non loin de la zone industrielle et commerciale. Pourquoi vouloir éternelle une vie qui ne nous agrée pas ? À quoi bon le miracle de ressusciter, s'il n'y a pas la merveille d'être venu au monde ? Et, en même temps, c'est la foi en ce miracle qui nous pousse à reconnaître cette merveille. Pour accepter notre naissance dans ce lieu et ce temps, avec ce corps pas du tout de rêve et cet environnement douloureux, pour finir par crever très probablement comme un chien, il faut indubitablement croire qu'il y a une providence derrière cela. C'est la résurrection, en dernière instance, qui fait que la naissance n'est pas vaine (les religions qui refusent la résurrection voient généralement la naissance comme un fléau ou une chute ; et leurs adeptes ne se suicident pas surtout parce que la seule chose qui pourrait vraiment les satisfaire serait de n'être jamais né). Toujours est-il que dans la foi en la résurrection comme dans le consentement à sa propre naissance, c'est la même ouverture à la vie qui est en jeu – à la vie comme ce qui nous devance et nous surprend toujours.

Ce mode d'emploi ne permettra donc pas que « ça fonctionne » (pour cela, mieux vaut la notice d'un ordinateur ou d'un révolver). Il vise seulement à ce que nous soyons bien vivants. Et donc que l'événement l'emporte sur le résultat, la rencontre, sur la recette.

I

LA BOURSE OU LA VIE

Certains de la garde vinrent en ville rapporter aux grands prêtres tout ce qui s'était passé. Ceux-ci tinrent une réunion avec les anciens et, après avoir délibéré, ils donnèrent aux soldats une bonne somme d'argent en disant: « Vous direz ceci: "Ses disciples sont venus de nuit et l'ont dérobé tandis que nous dormions." Si l'affaire vient aux oreilles du gouverneur, nous nous chargeons de l'amadouer et de vous épargner tout ennui. » Les soldats, ayant pris l'argent, retinrent la leçon, et cette histoire s'est colportée parmi les Judéens jusqu'à ce jour.

Matthieu 28, 11-15

On évoque toujours les trente deniers de Judas, jamais la « bonne somme » des soldats (*des pièces d'argent en suffisance*, dit plus exactement le texte grec). Or, lequel de ces deux arrangements pécuniaires est le plus grave – celui qui livre le Christ à la croix ou celui qui oblitère sa gloire ? Le second ne semble-t-il pas d'emblée plus extrême que le premier ? L'argent ne manifeste-t-il pas un plus grand pouvoir de fascination lorsqu'il offre de trahir un ressuscité et non plus seulement un mortel ? Il convient en tout cas de s'arrêter à ce dernier épisode impliquant finance, qui est aussi le dernier mot de saint Matthieu sur la question. Auparavant, lorsque Jésus avait envoyé les Apôtres en mission, il leur avait commandé : *Ne prenez ni or ni argent ni sou de bronze dans vos ceintures* (Mt 10, 9). Avant encore, sur la montagne, il avait déclaré : *Vous ne pouvez servir Dieu et Mammon* (Mt 6, 24).

Nous n'y aurions pas songé par nous-mêmes : l'argent n'est-il pas un instrument dont il s'agit de faire « bon usage » ? On s'en sert, on ne saurait le servir. Il ne fait pas le bonheur, sans doute, mais « il y contribue ». Pourquoi le Christ l'identifie-t-il à une sorte de personne malveillante ? Pourquoi lui prête-t-il des intentions jusqu'à le qualifier de *trompeur* (Lc 16, 11) ? S'il n'est que l'outil du commerce, comment se changerait-il en son maître ouvrier ? Je veux bien admettre qu'un billet de banque, on l'a moins en main qu'un marteau : c'est un instrument de papier, et il a tendance à filer entre nos doigts. Mais il s'agit d'un instrument quand même, et plus efficace qu'un marteau pour faire l'aumône, acheter de la lingerie fine ou même clouer le bec à quelqu'un… Enfin le Christ n'eût-il pas été plus prudent de faire de ses envoyés des employés, de leur donner un peu d'argent de poche pour leurs menus frais de voyage et aussi pour qu'ils soient un peu plus indépendants (comme nos hommes politiques) ? Ne me dites pas que celui qui pouvait si facilement multiplier les pains ne pouvait pas multiplier les pièces ! D'où lui vient qu'il ne fait point ce dont rêve toute l'alchimie : transmuter la boue en or ? D'où lui vient – lui qui n'a pas peur de toucher les lépreux – cette crainte absurde d'être contaminé par l'argent ?

Heureusement que des gens d'Église ont fait des progrès en ce domaine. Ne faut-il pas avoir les *moyens* de prêcher que Dieu est *grand* ? Et pourtant, dans le passage qui nous intéresse, l'acceptation de la « bonne somme » correspond très exactement au rejet de la résurrection.

Une imitation des trois vertus théologales

Les encyclopédies le disent : la monnaie (qui n'est pas toujours d'argent) a trois fonctions. Elle est « mesure de valeur », « réserve de valeur » et « moyen d'échange ».

En tant que « mesure de valeur », elle est une unité de compte qui permet de mettre en balance des choses complètement différentes et de pouvoir ainsi échapper à la perplexité qui s'emparerait de nous au moment de la transaction si l'on se posait une question du genre : « Cette paire de chaussures vaut combien d'heures de baby-sitting ? » Question d'autant plus délicate que la vendeuse n'a peut-être pas d'enfants. Grâce à l'argent, les actions et les choses bigarrées de ce monde sont converties en des quantités précises (tant de coquillages hier, tant de dollars aujourd'hui), et ces quantités rendent possible l'égalisation. Plus rien n'est incomparable, donc, nous tenons là une « mesure de tout », un « équivalent universel » qui non seulement nous épargne le difficile problème suggéré plus haut, mais nous octroie aussi le plaisant aplomb de pouvoir dire après un calcul rapide : « Un mètre carré à Paris correspond à 9 775 saucisses de Toulouse », ou encore : « Un médecin généraliste, c'est trois caissières. »

En tant que « réserve de valeur », la monnaie permet de différer dans le temps l'acquisition d'un bien. Car elle n'est pas en elle-même une richesse, mais un moyen d'en obtenir. L'argent est toujours autre chose : ce n'est pas ce qu'il est – rond de métal ou bout de papier – qui nous arrête à lui, mais ce qu'il n'est pas et permet d'avoir. En ce sens il n'a pas d'odeur (il ne dégage pas le fumet d'une nourriture), et il se les arroge toutes, parce qu'il nous fait saliver après les effluves de toutes les marchandises acquérables par son pouvoir. Du fait de ce pouvoir d'achat comme possession future, il nous accorde quelque chose tout de suite – c'est de rêver à tout ce qu'on pourrait choisir de se payer tout à l'heure : ce beau manteau, ces vacances en famille, ce massage tantrique, ce dernier *smartphone* (mais attendons encore, une version plus sophistiquée va sortir bientôt). L'avarice est la fixation de ce rêve les yeux ouverts et la main sur la bourse. L'avare se réjouit de toutes les acquisitions qu'il pourrait faire, et, pour les maintenir toutes à la portée de sa poche, il n'en fait aucune.

Cela n'empêche pas de reconnaître que la monnaie est surtout un « moyen d'échange ». Elle le facilite en raison de ses fonctions précédentes, mais aussi à cause de sa maniabilité et de sa divisibilité. Si je voulais avoir de quoi vivre une année en cédant pour ce temps-là l'usage de ma maison, il faudrait que le boulanger, le boucher, le marchand des quatre saisons, le sous-chef du magasin de prêt-à-porter, le revendeur Apple, etc., puissent venir y loger tour à tour ou simultanément, ce qui leur donnerait l'occasion de belles rencontres dont ils n'ont pas la moindre envie… Mieux vaut donc que je me retranche dans un appartement et convertisse cette maison en argent que je leur échangerai contre leurs biens et services. Ce qui laisse entrevoir que ce « moyen d'échange » est plus qu'un moyen : il a tendance à échanger la valeur d'usage contre la valeur d'échange elle-même, à ramener votre maison à une marchandise, à transformer tout ce que vous pouviez faire et avoir de plus cher en pouvoir d'acquérir ce qui coûte plus ou moins cher. Car, si l'absence d'argent vous réduit au seul pouvoir de faire quelque chose par vous-même, son abondance vous oblige à ne plus faire et à ne plus vraiment user de quelque chose, mais à acheter des produits déjà fabriqués et à les échanger sans cesse.

Cela étant, voici le plus curieux : les trois fonctions que nous venons d'évoquer correspondent, comme par hasard, aux trois vertus théologales, la foi, l'espérance et la charité (et cette correspondance est sans doute ce qui autorise l'argent – talent, mine ou drachme selon la parabole – à servir de métaphore pour la grâce). Là où la foi nous donne de considérer tout être comme une créature fantasque et bien-aimée de l'Éternel, l'argent en tant que mesure de valeur nous le fait estimer comme un article tarifé. Là où l'espérance nous ouvre à l'inattendu de la béatitude, l'argent en tant que réserve de valeur nous garantit d'accéder aux offres du centre commercial. Là où la charité entraîne la communion des personnes, l'argent en tant que moyen d'échange préside à la circulation des marchandises.

Trader ou témoin ?

On peut à présent deviner pourquoi les pièces d'argent acceptées par les gardes *suffisent* à voiler la vérité *jusqu'à ce jour.* Ce qu'ils ont vécu près du tombeau, c'est *l'irruption d'un grand séisme,* le *roulement de la pierre* qui barrait le sépulcre et la vision de quelque chose *qui avait l'aspect de la foudre* : *de crainte ils en tremblèrent et tombèrent comme morts* (Mt 28, 2-4). Pareille expérience n'a rien de très confortable – surtout au petit jour après une nuit de veille ennuyeuse, et alors qu'on se prépare à accueillir, non pas un relèvement des morts, mais la relève qui permettra de rentrer se coucher. Aussi, pour s'éviter bien des embarras, pour ne pas avoir à témoigner de quelque chose qui les excède et mettrait en péril leur situation sociale, ils admettent volontiers que tout ce qui brille n'est pas gloire et colportent une bonne vieille *histoire* de cambriolage durant leur sommeil.

Le mot traduit ici par « histoire » est *lógos* et même *o lógos* : la parole, le verbe. Contre le Verbe incarné, donc, voici le verbe monnayé. Il ne s'agit pas tant de *ne pas croire* en la résurrection que de *faire croire* – c'est pour ainsi dire capital – à l'enlèvement des cadavres. On ne saurait échapper à la nécessité de croire (nous l'avons vu en introduction). Mais soit l'on croit dans le logos sans argent (*Vous tous qui avez soif, venez vers l'eau, même si vous n'avez pas d'argent… Car ainsi parle le Seigneur :*

« Vous avez été vendus pour rien, vous serez rachetés sans argent » – Is 55, 1 ; 52, 3) ; soit l'on s'y croit et l'on s'efforce de faire croire avec le logos de l'argent (*Certains déversent l'or de leur bourse, et pèsent l'argent à la balance, ils se payent un orfèvre pour faire un dieu, ils s'inclinent et ils adorent* – Is 46, 6). Ce logos de l'argent a l'avantage d'être quantifiable et surtout quantifiant. Il vous fait entrer dans le contrôle plutôt que dans la confiance. Avec lui, vous ne fondez pas votre existence sur la foi en la vie plus forte que la mort, mais sur la croyance au vol, à l'exploitation nécessaire, à l'inévitable trafic des corps, pendant qu'on dort tranquille.

Telle est la crédulité que prodigue, je ne dis pas l'argent en lui-même, mais *son amour*, comme dit saint Paul (1 Tm 6, 10). Il permet d'être un *trader* et vous protège d'être un témoin. Le *trader* travaille dans la domination impersonnelle, le bilan comptable et l'anticipation calculatrice. Il spécule sur des chiffres et ne saurait perdre son temps à considérer les travailleurs qui sont derrière. Un clic, et c'est une bonne opération de faite ! Peu importe ce qui arrive réellement aux carcasses – gens renvoyés, familles affamées, cultures dévastées – peu importe même qu'ils soient morts ou vivants, pourvu qu'ils rapportent. Il y a les *valeurs,* bien entendu, il n'y a même plus que ça : elles recouvrent entièrement les *vivants*. C'est qu'on peut surveiller leur cours, aux valeurs, on peut prévoir leur évolution, en faire commerce, en dégager un profit, mais comment voulez-vous suivre sur un graphique l'aventure singulière de chaque pauvre type, de chaque lopin de terre ou de chaque coin du feu ?

Quand le témoin se contente de recueillir un donné, le *trader,* lui, construit une fortune. Il augmente son pouvoir d'achat, et si son pouvoir de rachat (*sans argent*) diminue en conséquence, advienne que pourra ! Il est de toute façon plus libre d'acquérir plein de « nouveautés révolutionnaires ». Elles l'étourdissent. Pourquoi s'inquiéterait-il de ce qu'elles le privent du printemps, de l'aurore, de telle fleur sur le bord du chemin, de tel visage à ses côtés, et surtout de ses mains vides, qui pourraient s'offrir elles-mêmes, enfin de cette pauvreté d'avoir qui dégage la ressource d'être et de recevoir ce qui n'a pas de prix ? Pourquoi remarquerait-il que sa liberté magique ne s'exerce que sur le marché, et donc l'y asservit (*De qui est l'effigie sur la pièce ? Et l'inscription ? N'est-ce pas de César ?* – Mt 22, 20-21) ?

Acquéreur ou héritier ?

Ainsi le roi Achab est-il plein aux as et le caprice lui prend soudain d'acheter à prix d'or la vigne du pauvre Nabot, parce qu'elle se situe non loin de son palais et pourrait lui faire un sympathique potager d'agrément. Or, en dépit d'une enchère considérable, et même de la proposition de le nantir d'un « espace viticole » dix fois plus grand, Nabot refuse inexplicablement : *Que l'Éternel me garde de te céder l'héritage de mes pères !* (1 R 21, 3).

Sa vigne est toute petite, mais elle est à lui. Et elle est à lui non pas à la manière d'une marchandise interchangeable, mais comme ce qui appartient à son histoire. Ses grappes se chargent de souvenirs, des jeux d'enfance entre les ceps, des premiers travaux aux côtés de son père, de sa sueur et de son sang mêlés à la sève au gré des saisons, d'ébourgeonnages et de vendanges avec sa femme – qui est peut-être morte maintenant – ou avec ses fils et ses filles – qui ont bien grandi depuis et dont certains sont déjà partis de la maison…

Cette vigne n'est pas pour lui qu'une possession, c'est une présence. Elle est une chose et plus qu'une chose – quelque chose un peu comme sa mère et comme son enfant. S'il ne la cède pas, ce n'est donc point parce qu'il est égoïste ou frileux, mais parce qu'il est généreux et accueillant. Que serait cette vigne pour Achab ? Un instantané, un bien sans la bonté de l'offrande, un décor sans mémoire, une propriété sans appropriation. Elle serait à lui sur le cadastre et non dans son cœur. Elle ferait partie de son avoir, elle ne ferait pas partie de son être. Et encore : en n'ayant pas de racine dans son être, cet avoir ne serait pas vraiment le sien, et le roi serait naturellement enclin à le revendre pour autre chose, une autre vigne, un autre vide…

L'argent ne permet jamais qu'une chose soit vraiment à soi. Il paye, mais comme il préserve ainsi de payer de sa personne, il interdit toute propriété profonde. Pour qu'une chose soit à soi d'une manière intime, il faut qu'elle nous échappe trois fois, qu'elle ait été reçue en héritage de nos pères, qu'elle soit laissée en legs à nos fils, et que, dans l'entre-temps, nous l'ayons chaque jour recueillie, entourée des soins d'une humble et constante fidélité. Cela ne s'achète pas. Cela se reçoit, se cultive et se transmet. C'est comme la vie – non, c'est la vie même. Elle n'est vraiment nôtre qu'en ayant été reçue comme fils puis donnée comme père, parce que nous y avons cru et que nous l'avons cultivée.

Le virtuel et le vivant

Au fond, l'argent et la résurrection s'opposent comme deux régimes du possible : le régime du virtuel et le régime du vivant. Si j'emploie le mot « virtuel », c'est dans un sens bien spécifique et n'englobant pas tous les genres de virtualité ou de fiction : il est une bonne virtualité et même une excellente rêverie qui ne nous détourne du réel que pour nous y reconduire plus profondément. L'idée que nous serions dès le départ dans un rapport immédiat et parfait à l'existence est le fantasme de gens écœurés par une consommation abusive d'artifices. Pour un animal comme l'homme, c'est par la culture que s'affirme le naturel. Nous avons besoin de mythes pour entrer dans la logique du vivant. Nous avons besoin de contes de fées pour devenir réalistes. Et, pour atteindre jusqu'à l'âme de la réalité, nous avons besoin de ce qui de prime abord peut apparaître comme un conte de fées et qui est en vérité le Fait dépassant tous les comptes – de ce qui peut sembler un mythe et qui est l'aventure même du Logos : la Nouvelle de ce Nazaréen mort et ressuscité en Judée sous le mandat de Ponce Pilate.

Ce que j'appelle ici « virtuel » renvoie plutôt à la « réalité virtuelle », c'est-à-dire, au contraire du mythe, de la poésie et du grand roman, à une virtualité qui tend à se substituer au réel et à exercer sur lui son emprise. Le numérique est en effet le stade suprême du numéraire. La digitalisation du monde par l'Internet est l'accomplissement de sa monétisation par l'argent. Les dollars trouvent ici leur ultime équivalent universel, l'unité de comput et de captation de toutes choses. Le donné est systématiquement changé en *data* – en base de données exploitable (là où le mythe, la poésie, le grand roman nous en font entrevoir le *donum* – le don irréductible). Les corps perdent leur résistance, sont vaporisés grâce à des micropuces, convertis en bits et en pixels, mis à disposition de notre *magic trackpad*. Ce monde virtuel nous fournit un accès permanent aux ailleurs et aux bonnes affaires. Mais il a perdu ce que nous offrent le monde vivant et les belles histoires : la proximité et l'événement, et même l'événement de la proximité. Car le virtuel des internautes, comme une *Odyssée* sans retour à Ithaque, nous fait admirer le héros du film et ne pas nous étonner de notre voisin de fauteuil, alors que toutes les péripéties de la Bible nous font découvrir que notre voisin de fauteuil est plus important que le héros du film – puisqu'elles convergent toutes vers l'amour du prochain. Pour atteindre le prochain dans sa merveille, nous l'avons déjà suggéré, le détour est nécessaire, il faut passer par la plus grande distance – par une distance divine – sans quoi le proche se résorbe dans l'insignifiance de la banalité. Or cette distance de respect et d'émerveillement (régime du possible vivant) est ménagée, en dernier lieu, par le mystère du Ressuscité.

Le régime du virtuel, avec ses corps volés, ne permet pas d'accueillir la vie dans son surgissement improbable. Pour cela, il faut la foi en cette résurrection. Alors que l'argent nous procure des possibles dont on peut se saisir, la résurrection nous dévoile une possibilité qui nous saisit. Parce qu'elle est pour nous l'impossible et l'inconcevable, elle est vraie – d'une vérité qui dépasse nos pouvoirs et les fonde dans leur ouverture à l'événement. Elle nous apprend que la réalité est d'abord ce à quoi on ne s'attend pas, que le passé est bien davantage que du temps écoulé, et que l'avenir est plus surprenant que le futur projeté par nos sciences-fictions.

Futur et avenir, bilan et mémorial

Car ces deux régimes du possible sont aussi deux régimes du temps. Avec le premier, le temps est ramené à des planifications rémunératrices. On est dans le *futur*, dans *ce qui va* arriver à partir de nous. Et cette projection vers le futur implique un rapport au passé comme *bilan* : on établit des comptes, on vérifie des résultats, on juge sa propre performance. Prévaut ici une volonté de faire des affaires qui rend impuissant à accueillir l'événement ou qui ne l'évalue que comme du risque, de l'accident, du déchet.

Avec le second régime, celui de la résurrection, le temps paraît messianique, il se déchire sur de l'inespéré. On est dans *l'avenir*, non pas seulement *ce qui va* arriver à partir de nous mais *ce qui vient* à nous malgré nous. Et cette ouverture de l'avenir implique un rapport au passé comme *mémorial* : on se rappelle que ce qui nous est arrivé de plus beau, même quand c'était le fruit de notre labeur, avait avant tout le caractère du don, de la rencontre, de l'immérité (c'est ce que perçoit toujours humblement le génie – à l'opposé de ceux qui seraient seulement talentueux : les chefs-d'œuvre sortis de lui, il les regarde comme venus de plus haut que lui – et c'est aussi ce que perçoit toujours l'amoureux – à l'opposé du simple partenaire : l'épouse qui vit à ses côtés, il s'en sent toujours indigne). Prévaut ici un souhait de disponibilité qui donne la force d'accueillir l'événement et d'y discerner un signe, une grâce, un surcroît.

Moïse demande dans un psaume : *Apprends-nous la vraie mesure de nos jours, que nous venions de cœur à la sagesse* (Ps 89, 12). C'est qu'il y a une fausse mesure des jours, qui correspond à une sagesse où le cœur n'est pas : cette mesure du futur et du bilan, qui peut contaminer les chrétiens eux-mêmes, la vie éternelle étant alors conçue comme le résultat d'un planning moral. Et il y a une vraie mesure des jours, qui épouse l'élan du cœur : c'est la mesure de l'avenir et du mémorial, qui peut toucher même des mécréants, le passé leur apparaissant alors comme déjà scandé par des événements inespérés, à partir de ce premier événement radical, absolument indu, leur propre naissance.

Le premier régime *achète* le temps : *Time is money.* Le second régime le *rachète* : *Rachetez le moment présent, car les jours sont mauvais* (Ep 5, 16). Suivant ce second régime, nous reconnaissons dans la mise en terre du grain la folle promesse de l'arbre, dans la mise au linceul de la chenille, celle du papillon, dans le débarquement imprévu de notre belle-famille, celle d'une fête comparable aux antiques dionysies – où l'on jouait trois tragédies suivies d'une comédie satyrique. Dans le premier régime, on voit les mêmes choses, mais selon une estimation sans estime, une connaissance sans reconnaissance : on évalue ce que rapportera le grain, on soupèse le papillon selon sa plus ou moins grande utilité, on reste persuadé que l'arrivée de la belle-famille est un dérangement, à moins qu'il n'y ait possibilité de faire des affaires avec son beau-père, ou que l'oncle Frédéric, qui heureusement ne s'est pas reproduit, ne nous couche sur son testament.

Si la planification nous permet en partie de survivre, c'est malgré tout la reconnaissance de l'inespéré qui nous donne d'être bien vivants. Et être bien vivant, c'est pouvoir être subitement renversé par une voiture, mais aussi pouvoir devenir l'ami de son frère, le proche de son voisin ou même tomber amoureux de sa femme (ce qui est tout à fait l'analogue de la résurrection). On découvre alors le donné au-delà du construit, la grâce au-delà des affaires, l'impayable au-delà de l'achetable. Mais voilà : pour ne pas être renversé par une voiture, on renonce à tomber amoureux (ce qui est, du reste, à peu près la même chose). On prend l'argent des grands prêtres. On échange l'Évangile de Pâques contre le livret de caisse d'épargne, la foi en la résurrection contre le crédit à la consommation. Même sa propre naissance n'est plus reconnue comme un heureux événement. Il s'agit plutôt d'un fâcheux hasard avec lequel on s'arrange comme on peut, en se payant des distractions ou en amassant des fortunes. L'affairiste, d'ailleurs, croit ne pas être né : il prétend avoir fait sa fortune par lui-même.

II
LES FEMMES MYROPHORES

Quand le sabbat fut passé, Marie de Magdala, Marie, mère de Jacques, et Salomé achetèrent des parfums pour aller oindre le corps. Et de grand matin, le premier jour de la semaine, elles vont à la tombe, le soleil s'étant levé. Elles se disaient entre elles : « Qui nous roulera la pierre hors de la porte du tombeau ? » Et ayant levé les yeux, elles virent que la pierre avait été roulée de côté : or elle était fort grande. Étant entrées dans le tombeau, elles virent un jeune homme assis à droite, vêtu d'une robe blanche, et elles furent saisies de stupeur. Mais il leur dit : « Ne vous effrayez pas. C'est Jésus le Nazaréen que vous cherchez, le Crucifié : il est ressuscité, il n'est pas ici. Voici le lieu où on l'avait mis. Mais allez dire à ses disciples et à Pierre qu'il vous précède en Galilée : c'est là que vous le verrez, comme il vous l'a dit. » Elles sortirent et s'enfuirent du tombeau, parce qu'elles étaient toutes tremblantes et hors d'elles-mêmes. Et elles ne dirent rien à personne, car elles avaient peur…

Marc 16, 1-8

Un après-midi, du temps que j'étais étudiant à l'Institut d'études politiques de Paris et que je croyais au néant dur comme fer, je grimpai sur une table du hall principal et déclarai d'une voix presque forte à mes condisciples : « Est-ce que vous vous rendez bien compte ? Vous allez tous mourir ! » La débordante vitalité de ma jeunesse m'accordait généreusement ce luxe de parler de la mort avec autant d'inconscience qu'un placier en assurances-vie. Je prenais un malin plaisir à évoquer ses effets par le menu – les chairs qui se décomposent, les vers qui vous mangent les yeux, la carrière terrestre qui finit par ne laisser aucune trace dans les mémoires… J'essayais ainsi d'être un peu plus mémorable, de produire moi-même mon petit effet. Mais la même jeunesse qui me donnait de parler si facilement de la mort donnait tout aussi facilement à mes auditeurs de ne pas m'écouter.

Le jus verdâtre, le grouillement de la vermine, ils ne semblaient pas s'en inquiéter plus que ça ; et, s'ils avaient eu la patience d'exprimer leur état, ils auraient pu me repartir : – *Que nous veut ce perroquet ? On dirait un prédicateur de divinités exotiques… Nous t'entendrons là-dessus une autre fois* (Ac 17, 18 et 32).

En prêchant le néant, je croyais être profondément antireligieux, et plus spécialement antichrétien. Et voilà que je me retrouvais dans une situation comparable à celle de Paul devant l'Aréopage. Les temps n'étaient plus les

mêmes : on ne refusait pas seulement le discours sur la résurrection, on refusait aussi le discours sur la mort. En perdant Dieu, on avait fini par perdre l'athéisme. En perdant l'émerveillement devant l'existence, on avait fini par perdre l'angoisse devant le néant. Pas la peine de relever la tête de sa tablette – une tablette souvent animée de feuilletons pleins de meurtres afin de mieux faire écran aux cadavres réels.
Contre cette esquive, les trois femmes myrophores (c'est-à-dire « porteuses de parfum ») nous font ce petit rappel : pour se poser la question du Ressuscité (jusqu'à en avoir peur), il faut être prêt non pas à « regarder *la* mort en face » (perspective abstraite au moyen de laquelle les philosophes s'excusent de ne pas regarder en face leur cousine ou même leur propre tête dans un miroir), mais à prendre soin d'*un* mort – pesant, palpable, aimé.

Oindre l'Oint

Le *chabbat* avait surpris tout le monde. Jésus avait été mis en vitesse dans le tombeau d'un autre sans qu'on ait eu le temps d'achever sur lui le rite funéraire. On dut attendre que le samedi passât. C'est déjà quelque chose de singulier que ce coup d'arrêt, cette fidélité au repos du septième jour malgré la charge de ce mort à la fin du sixième. N'y avait-il pas urgence ? Ne fallait-il pas foncer ? Sans doute, mais celui qui ne sait pas s'arrêter ne fonce pas : il défonce.

Il va toujours de l'avant, même contre le mur, même au bord du gouffre ou même – ce qui est pire – sur le dos du plus faible. Il ne voit pas qu'avant de faire, il faut faire place, il faut cesser de s'activer pour que l'action s'ordonne en retrouvant son sens, son principe et sa fin.
Ainsi les femmes font place, mais, sitôt le *chabbat* fini, comme on pouvait s'y attendre, elles se ruent vite vers les magasins. Ce n'est pas pour prendre une nouvelle robe ou de nouvelles sandales ; c'est – autre classique – pour acheter un parfum. De récents travaux scientifiques d'historiens réputés nous permettent d'affirmer avec certitude qu'il ne s'agissait pas de flacons Dior, Chanel ou Guerlain, parce que Guerlain, Chanel et Dior font d'excellents produits pour les femmes actives qui se rendent à un comité de direction ou une soirée dansante, mais aucun, me semble-t-il, pour les fils décédés. Or c'est cela que vont chercher ces femmes – ce qui pourrait constituer aujourd'hui une toute nouvelle gamme de cosmétique : des parfums pour jeune homme mort depuis trois jours.
Ce jeune homme-là, elles l'avaient suivi depuis la Galilée, mais il avait été abattu en plein vol, jugé comme blasphémateur, mis en croix entre deux larrons, déposé en toute hâte – comme on doit manger l'agneau pascal *en toute hâte* (Ex 12, 11) – dans une tombe qui n'était pas prévue pour lui, et elles allaient à présent desceller cette tombe,

rouvrir le linceul et oindre l'Oint (c'est le sens de mot « Messie » ou « Christ »). Ce contact avec son corps les rendrait impures pendant une semaine. Cette impureté cependant serait tout le contraire d'une impiété. Elles allaient lui rendre les derniers devoirs, voir sa face dont le visage s'était enfui, appliquer leurs paumes sur sa peau insensible, hésiter près des marques des clous, éprouver le poids de ses membres inertes, éprouver l'horreur de cette bouche d'où elles avaient entendu ruisseler les torrents du Paradis et qui n'était maintenant plus que cette chose sans nom, moins qu'une plaie, près de pourrir sur le rictus du crâne. Elles pensaient à tout cela en se rendant au sépulcre, ainsi qu'à leur geste final, qui serait de le renvelopper comme un bébé dans ses langes et de jeter un dernier coup d'œil sur ce Dieu qui n'était plus qu'un processus de décomposition dissimulé dans un paquet de linges blancs et parfumés… Mais rien de tout cela n'eut lieu. Premières entre tous, elles reçoivent l'annonce incroyable qui les prive de leur deuil et les laisse avec leurs onguents sur les bras.

Et voilà pourquoi nous avons tant de mal à l'entendre, cette annonce : la condition pour la recevoir nous fait défaut. J'ai lu quelque part qu'il existait une peuplade où la jeune fille ne pouvait se marier et avoir des enfants que si elle avait au préalable fait la toilette d'un parent défunt. Sage mesure que l'on pourrait rétablir avec avantage. Il est assez évident que d'avoir soupesé la lourdeur d'un cadavre vous dispose à vivre avec un mari. Et même, vivre simplement avec ses frères. Ignace de Loyola imposait à ses novices de laver des morts avant de prononcer leurs vœux (l'Église a d'ailleurs élevé cette tâche extrême au rang des « actes de miséricorde »). Pour entendre l'annonce de la résurrection, il ne suffit pas de faire de la respiration ventrale ni d'écouter des conférences de spiritualité : il faut être prêt à entrer dans le tombeau avec tant d'empressement qu'on n'a pas songé à la pierre qui le ferme, prêt à toucher le réel de la mort jusque dans l'onction d'une chair en voie de décomposition, prêt à éprouver le poids d'absurdité d'un fils innocent crucifié comme un malfaiteur. Mais le confort moderne nous a privés de cette préparation. Nous ne prenons plus soin nous-mêmes des morts de notre famille. Nous les abandonnons à des spécialistes en thanatopraxie, qui en ont fait leur gagne-pain, qui les manipulent sans amour, contre de l'argent. Nous achetons les services d'entreprises de pompes funèbres. Comment donc pourrions-nous être encore assez proches de la mort physique pour nous trouver là où une résurrection peut nous surprendre ?

L'amour comme la myrrhe

Trois mages étaient venus au berceau de Jésus. Trois femmes viennent à son tombeau. Les mages apportaient l'or, la myrrhe et l'encens. Les femmes n'apportent plus que la myrrhe (on peut supposer que leurs aromates sont composés de cette résine du baumier, laquelle s'emploie de préférence, comme son nom l'indique, pour les embaumements). Or la myrrhe est le parfum du Cantique. L'épouse chante: *Mon bien-aimé est un sachet de myrrhe, qui repose entre mes seins* (Ct 1, 13). Et l'époux répond: *J'entre dans mon jardin* [rappelons que c'est dans un jardin que se situe le saint sépulcre], *ma sœur, ô fiancée, je récolte ma myrrhe et mon baume* (Ct 5, 1). Ce parfum liquide, qui est celui dont on enduit les morts, est aussi celui de la vie qui passe entre l'épouse et l'époux.

Aussi la Bible est-elle à déconseiller aux puritains: *Mon bien-aimé a passé la main par la fente, et pour lui mes entrailles ont frémi. Je me suis levée pour ouvrir à mon bien-aimé, et de mes mains a dégoutté la myrrhe, de mes doigts la myrrhe vierge, sur la poignée du verrou* (Ct 5, 4-5). Une ligue de vertu ne pourrait que proscrire ces versets. Mais ils seraient non moins censurés par un club libertin. La myrrhe n'est pas un déodorant pour petits séducteurs. Elle réclame un *amour fort comme la mort* (Ct 8, 6). Ce qu'il ne faut pas interpréter dans un sens trop romantique. Il s'agit plutôt de l'ordinaire conjugal. La passion romantique exige un amour de l'autre et une mort à soi-même bien moindres que la fidélité quotidienne. Certes, Tristan et Yseult se tuent ensemble. Mais il faut beaucoup plus de force pour vivre ensemble, pour transmettre la vie ensemble et même pour être ressuscités ensemble et avoir à se supporter éternellement.

Il n'est donc pas anodin que le Ressuscité se révèle en premier lieu à ces trois porteuses de myrrhe qui lui furent fidèles depuis la Galilée et jusque dans l'échec du Golgotha. *Mâle et femelle, il les créa* (Gn 1, 27). Mâle et femelle, il les recrée. La gloire n'abolit pas la différence sexuelle. L'Homme par excellence se tourne d'abord vers une trinité de femmes. Et même, si l'on en croit la tradition attachée à l'Évangile selon saint Luc, la révélation du Ressuscité se fait d'abord à un couple – mais pris séparément (la communion ne se renforce qu'en repoussant les illusions de la fusion) : deux anges l'annoncent à des femmes, dont une certaine Jeanne (Lc 24, 10), puis Jésus se manifeste en personne aux disciples d'Emmaüs, dont un certain Cléophas (Lc 24, 18), qui serait, d'après la tradition, le mari de Jeanne. Deux rencontres séparées qui ont de quoi alimenter sans fin les conversations et plus encore le silence de la chambre conjugale.

La courtisane, la mère, la femme

Les trois femmes de notre texte correspondent à la femme sous trois aspects majeurs. La première Marie est distinguée par un lieu de résidence, la deuxième par un lien de parenté, la troisième se distingue par un autre nom qui est celui-là même du Salut (Salomé vient de *Chalom,* la Paix, première parole du Ressuscité aux Apôtres). Celle qui se désigne par un lieu où l'on peut toujours la trouver, c'est la courtisane en sa maison close. Celle qui se désigne par un lien qui marque son accomplissement, c'est la mère – et le nom de son fils, Jacques ou Jacob, suggère une maternité qui s'étend à tout Israël. Celle qui se désigne par un nom qui est promesse d'avenir pour l'homme, c'est la femme comme telle.

Dans la conjugalité, dans la maternité et même, quoique de manière déviée, dans la prostitution, le féminin se manifeste essentiellement non comme la faculté de *faire quelque chose*, mais comme la capacité de *recevoir quelqu'un*, d'accueillir un autre en soi-même, dans ses entrailles, que ce soit pour la semence, le fruit ou la souillure. Dans son corps, la femme accueille l'homme ; la mère accueille l'enfant ; la prostituée accueille la clientèle. Ainsi peut s'expliquer un peu mieux la priorité des femmes dans l'annonce de la résurrection, et s'ajouter une seconde condition à la première que nous avions posée. Pour entendre cette annonce, il ne suffit pas de toucher un mort, il faut encore être prêt à porter un vivant (sans quoi la mort ne peut vous atteindre aux entrailles). Et être prêt à porter un vivant, c'est avoir traversé la question fondamentale, celle qui sous-tend la possibilité même de

l'aventure humaine: pourquoi peiner à donner la vie si c'est au final pour que cette vie soit anéantie? À quoi bon avoir des enfants s'il n'y a pas de résurrection, mais seulement la poussière – et une poussière sur laquelle on ne pourra même pas passer l'aspirateur?
On retrouve ici notre thèse principale: le miracle n'est pas là pour nous faire vivre des choses extraordinaires, mais pour que nous vivions extraordinairement les plus ordinaires des choses. Or, parmi les choses les plus ordinaires, il y a celle-ci, qui est déjà extraordinaire pour un homme: être une femme. Pourquoi le féminin? Le masculin, on peut le comprendre, c'est un corps plein de lui-même, qui fabrique des choses avec ses mains, à l'extérieur de lui. Mais le féminin, c'est ce corps naturellement livré, avec son creux au centre, creux à l'intérieur duquel s'engendre, non pas quelque chose, nous l'avons dit, mais quelqu'un, obscurément, sans les mains. Pourquoi consentir à ce corps livré? Pourquoi des entrailles si pour finir son fruit doit pourrir dans une boîte en sapin (car le sapin de Noël se débite en planches pour le cercueil)? Mais voici: Jésus est relevé du tombeau, l'homme et la femme peuvent coucher ensemble. Ils peuvent coucher à fond, sans redouter l'enfantement d'un nouveau petit mortel – car ce n'est plus vain – et avec suffisamment d'amour pour s'étendre l'un près de l'autre encore, dans un même caveau.

La peur de la résurrection

Il y a de quoi avoir peur. La résurrection est très embêtante non seulement pour les entrepreneurs de pompes funèbres mais aussi pour les veuves joyeuses et remariées, les héritiers qui se partagent le magot ou encore les assassins qui ont réussi à tourner la page. Quand Hérode apprend les guérisons opérées par Jésus, le voilà *fort perplexe, car certains disaient: « C'est Jean qui est ressuscité d'entre les morts»* (Lc 9, 7). On compatit volontiers à son inquiétude. Si les morts viennent à ressusciter, il y a de quoi être perplexe. Il n'est pas très agréable de croiser dans la rue une personne qu'on avait eu soin de décapiter l'avant-veille – et qui vous salue en soulevant sa tête avec son chapeau.

De façon plus générale, la foi en la résurrection vient détruire deux croyances contraires mais chacune assez commode en son genre: celle en la simple immortalité de l'âme, et celle en la mort comme total anéantissement. L'anéantissement vous permet d'ensevelir avec vous tous vos crimes ignorés. L'exclusive immortalité spirituelle vous permet de dédaigner le corps d'ici-bas, et d'agréer la mort comme une sortie de prison. Ces deux échappatoires nous sont désormais défendues. Pour faire un bon ressuscité, il faut d'abord être bien mort (et d'une mort qui reste scandaleuse). Mais, pour être bien mort, il faut d'abord bien vivre.

Hérode l'avait pressenti : si l'on ne vit pas bien ici et maintenant, si l'on n'aime pas déjà son prochain, une résurrection générale risque de se passer assez mal pour un exterminateur consciencieux, puisqu'il serait obligé d'y côtoyer sa victime glorieuse (mais l'événement sera plus douloureux encore pour le riche et hautain philanthrope, condamné à rencontrer réellement des pauvres qui n'auront plus besoin de son argent). D'où cet avis mitigé du prophète Daniel (12, 2) : *Un grand nombre de ceux qui dorment au pays de la poussière s'éveilleront, les uns pour la vie éternelle, les autres pour l'éternelle opprobre.*

Mais il y a encore autre chose. Si Jésus revient avec son corps et parmi nous, c'est qu'il peut être assez bon de vivre dans un corps et de se promener sur la terre. Jusqu'ici, les femmes pouvaient n'être que des pleureuses. Elles pouvaient reporter le moment de la joie dans un autre monde. Elles pouvaient se dire que ça ne serait bien qu'ailleurs, loin du quotidien, loin du ménage, dans un futur sans entrailles, où tout fonctionne sans heurt. Et voici qu'au lieu de partir directement au ciel, le Seigneur est là, il s'attarde, il emploie à nouveau les mots de tous les jours et va même faire un peu de cuisine au feu de bois.

III
LE LINGE À SA PLACE

Le premier jour de la semaine, Marie de Magdala se rend au tombeau de grand matin, alors qu'il fait encore sombre. Elle voit que la pierre a été enlevée du tombeau. Elle court donc trouver Simon-Pierre et l'autre disciple, celui que Jésus aimait, et elle leur dit: « On a enlevé le Seigneur de son tombeau et nous ne savons pas où on l'a mis. » Pierre partit donc avec l'autre disciple pour se rendre au tombeau. Ils couraient tous les deux ensemble, mais l'autre disciple courut plus vite que Pierre et arriva le premier au tombeau. En se penchant, il voit que le linceul est resté là; cependant il n'entre pas. Simon-Pierre, qui le suivait, arrive à son tour. Il entre dans le tombeau, et il regarde le linceul resté là, et le linge qui avait recouvert la tête, non pas posé avec le linceul, mais roulé à part à sa place.

C'est alors qu'entra l'autre disciple, lui qui était arrivé le premier au tombeau. Il vit et il crut.

Jean 20, 1-8

Je connais des gens qui font du jogging le week-end. Ils sont si admirables, si rapides, si réguliers dans leur foulée, qu'en comparaison, ma femme et moi, avec nos six enfants qui gesticulent en tous sens autour de notre marche lente, nous ressemblons à deux gros pots de confiture cernés par une nuée de moucherons. Que cherchent-ils, ces coureurs du dimanche? Le *fitness*. La forme du cœur et du corps. Et ils ont bien raison. Le seul léger petit problème, c'est que tous, malgré tout, courent aussi vers leur tombe. Ce qui ne serait pas grand-chose encore s'il n'y avait cet autre inconvénient que certains ont tendance à oublier que leur cœur n'est pas qu'un muscle.

Loin de moi, en tout cas, l'idée de les mépriser. Si l'on en croit saint Jean, le dimanche de Pâques, tout le monde se met à courir. Le verbe « courir » est même réservé dans son Évangile à ce jour-là, et pour des allées et venues au sépulcre. Voici d'abord cette femme – on la connaît, une ancienne pécheresse! – qui court dans les rues de Jérusalem et vous bouscule au passage: « Vraiment, vous pourriez faire plus attention, Mademoiselle! » Et puis voici soudain deux hommes – on les connaît, des poissonniers en retraite anticipée! – qui courent dans l'autre sens et vous bousculent derechef: « Mais qu'est-ce qu'il leur prend à tous aujourd'hui? Le deuil de votre maître devrait vous plonger dans une immobilité grave

et dolente! L'intériorité vous fait-elle à ce point défaut?» C'est le reproche qu'un bon chrétien n'hésitera pas à faire aux Apôtres, surtout s'il s'évertue lui-même à être à la messe aussi vif et chaleureux qu'une statue de marbre.
À l'évidence, si l'on devait repenser le rituel selon le comportement pascal de Pierre, Jean et Marie Madeleine, il faudrait organiser quelque chose d'aussi incongru que des courses de relais autour de l'autel, en relisant à chaque départ, pour remobiliser l'assistance, ce passage de la première épître de Paul aux Corinthiens: *Ne savez-vous pas que, dans les courses du stade, tous courent, mais un seul obtient le prix? Courez donc de manière à le remporter* (1 Co 9, 24).

« Après vous »

Ce qui est formidable, ici, c'est que Jean, du fait de ses jeunes jambes, arrive au tombeau plus vite que Pierre, mais qu'il s'arrête sur le seuil et laisse son aîné passer devant. Il aurait très bien pu ne pas l'attendre. Compte tenu des circonstances exceptionnelles, la précipitation était de mise: on a *enlevé le Seigneur*; un tel rapt impose une urgence qui suspend de manière on ne peut plus légitime les règles ordinaires de la bienséance. Jean ne l'entend toutefois pas de cette oreille. C'est un parfait gentleman. De ceux qui dans un avion en détresse proposent encore au vieux monsieur de porter ses bagages à l'arrivée ou disent à la jeune femme que le gilet de sauvetage lui va à ravir. Et c'est comme si le mystère de la résurrection avait pour but de nous enseigner à pratiquer en toutes circonstances ce genre de prévenance exquise. Certains observeront qu'il y a dans cette manière de céder le passage à Pierre une preuve de sa primauté dans le collège des Apôtres et donc une affirmation de la papauté dans l'Église. Ils auront raison. Mais cela n'empêche pas d'y voir un cas particulier d'une loi plus générale qui consiste à laisser son siège à une personne âgée dans l'autobus, parce que, même si nous pouvons courir plus vite qu'elle, nous devons reconnaître qu'elle a tout de même déjà fait plus de pas que nous. Encore qu'on puisse aussi le faire avec une personne moins âgée – à commencer par une femme si l'on est un homme – simplement parce qu'elle est quelqu'un *d'autre*. Emmanuel Lévinas affirmait ainsi que la plus belle définition de la civilisation se logeait dans cette formule de politesse : « Après vous. » Si le pape passe devant, c'est pour l'appliquer d'une façon éminente en se faisant « le serviteur des serviteurs de Dieu ». Et c'est pour cela qu'il est bon d'avoir des souverains et des rois : pour nous offrir des exemples saillants d'humilité. Louis le Pieux signait ses chartes de ce titre qui abdiquait toute hauteur même vers le bas : « Notre médiocrité. » De tels exemples, l'égalitarisme ne peut que les interdire : quand on met tout le monde au même niveau, plus personne

ne peut s'abaisser, plus personne ne peut vraiment s'élever non plus, tous sont finalement entraînés dans la concurrence déloyale – car la loyauté repose encore sur la hiérarchie.
Mais pourquoi cet «Après vous»? N'y a-t-il pas là quelque chose de louche? Ne s'agit-il pas d'une négation de soi? Comment fonder l'amour du prochain sur la haine de son propre être? À moins qu'il ne s'agisse d'un coup de billard par la bande: on s'abaisse visiblement pour mieux monter dans l'estime de ceux qui nous regardent; on se met à la dernière place *de façon qu'à son arrivée le maître de maison te dise: «Mon ami, monte plus haut»* (Lc 14, 10). Enfin si chacun dit à l'autre «Après vous», cela risque de faire bien des embouteillages devant les guichets de l'administration – même s'ils sont disponibles… On voit ce genre de dysfonctionnement chez Kafka: deux bourreaux ne cessent de se céder l'honneur de tuer un condamné. Ils se passent, se repassent l'un à l'autre la hache, et, à force de politesse, diffèrent à jamais l'exécution.

Un miracle en creux

Si Jean s'efface devant Pierre, c'est pour que Pierre puisse être le spectateur d'un autre effacement: celui du corps de Jésus. *Il contemple les bandelettes posées là* (selon une traduction plus littérale) *et le suaire, qui était sur*

sa tête, non pas posé avec les bandelettes, mais à l'écart, en un seul lieu (Jn 20, 6-7). Le tombeau est vide, mais, le plus étonnant, c'est qu'il n'est pas entièrement vide. Le linceul y est toujours. Et il y est enroulé comme à l'heure de la sépulture, sauf qu'à présent l'enveloppe est affaissée sur la divine absence. S'il y avait eu vol, on aurait pris le corps avec son emballage, ou bien on aurait défait l'emballage pour prendre seulement le corps, ou bien on aurait pris le corps et laissé l'emballage en le pliant avec une sollicitude qui ne convient guère à un voleur – mais de toutes les manières on n'aurait pas pu le réenrouler selon les dimensions du corps. L'exploit surpasse Houdini lui-même. Pierre se garde bien cependant d'en tirer des conclusions hâtives. Il fait preuve d'une circonspection digne d'un pape.
Jean, qui entre après lui, va donc repasser devant, non selon l'espace, mais selon la foi (comme si Pierre lui avait rendu dans l'ordre spirituel l'« Après vous » qu'il lui avait accordé dans l'ordre matériel). *Il vit et il crut* (Jn 20, 8). Qu'a-t-il donc vu pour croire soudain, le premier, que le Christ est ressuscité ? Rien, très précisément. Il n'a rien vu. Ou plutôt il a vu les bandelettes retombées sur elles-mêmes, et, à travers cette chrysalide vide sans avoir été déchirée, l'ostensible effacement de son Maître.
Le miracle des miracles est un miracle en creux – comme doit l'être du reste tout vrai miracle. Il fait place, comme

nous le disions plus haut, et prolonge en cela le *chabbat*. Si le Ressuscité se ramenait avec une batterie d'éclairs et de tonnerre, parmi des cohortes d'anges, il ne se distinguerait guère de ces personnages en panne d'estime qui se font annoncer à grand renfort de tambours et trompettes. Lui n'a pas besoin d'en imposer. Au contraire, il s'efface, il réalise avec son corps l'éternel « Après vous. »

Comme une mère

Je dis bien : « Il s'efface », et non pas : « Il se retire » ou « Il s'absente. » Car il est toujours là, en vérité. Et plus présent que lorsqu'il était visible. Ne peut nous dire « Après vous » que celui qui est là *avant*. L'espace qu'il libère n'est nôtre que d'être d'abord le sien.

Certains, portés par l'intuition de cet « Après vous », se figurent que pour créer le monde Dieu a dû se retirer comme la mer en son reflux découvre le rivage, ou comme un pachyderme s'écarte un peu pour ne pas écraser la fourmi. Ces jolies images ont le malheur de nous représenter un Créateur situé sur le même plan que sa créature, et donc en concurrence avec elle : il doit se diminuer pour qu'elle grandisse. Aussi l'image pourra-t-elle être retournée et devenir un des principes de l'athéisme : il faudra tuer le pachyderme et prendre son ivoire, drainer l'océan et l'exploiter sous des polders afin de pratiquer le maximum de surface habitable.

Autrement dit, pour que la créature déploie toute son envergure, il faudra que le Créateur soit entièrement anéanti. Mais, à la vérité, quand Dieu fait place, il la fait, cette place. Il ne la dégage pas comme une chose qui était là avant son action, il lui donne d'être dans cette action même : si c'est la mer qui se retire, alors c'est une mer qui en même temps constitue la terre jusqu'en ses plus élémentaires particules ; et si c'est l'éléphant qui s'écarte, alors c'est un éléphant qui engendre actuellement et la fourmi et l'espace-temps qui circonscrit son existence.

Il y a bien une analogie qui associe à la fois l'effacement et l'enveloppement, l'invisibilité complète et la présence totale – un retrait sans recul où le creux n'est pas le vide mais le creux de la main, plénitude de tendresse et de nourriture. C'est l'analogie des entrailles maternelles. Leur nom hébraïque dans la Bible – *Rahamim* – signifie aussi « miséricorde ». Dans la grossesse, la mère fait place, mais ne se retire pas comme la mer. Car elle fait place dans son propre corps, en nourrissant de son propre corps l'enfant à qui elle fait place, en l'entourant tout entier de sa chaleur, en le portant dans son invisible présence.

C'est en ce sens que l'« Après vous » peut désigner l'acte même du Créateur et ne relever ni d'une négation de soi, ni d'une exaltation par ricochet, mais d'une affirmation aussi large que discrète. Regardez : vous ne le voyez pas, et c'est précisément parce qu'il vous crée, vous et tout ce qui vous entoure. Son apparente absence est sa présence généreuse, en tant que principe qui ménage un espace pour l'autre : « Après vous, ciel et terre ! Après vous, soleil, lune et toutes les constellations ! Après vous, oiseaux, poissons et tout ce qui rampe et marche et court sur le sol ! Après vous, l'homme et la femme et l'enfant ! »

Dieu n'a pas besoin de se placer sous les spots et de dire : « Que je sois ! » Il dit : *Que la lumière soit,* et la lumière advient dans le sein de sa parole. Le Créateur ne cesse, non pas de s'écarter, mais de s'avancer pour nous laisser passer devant (comme le ventre de la femme enceinte la précède à la manière d'une proue). Il nous enveloppe si bien que nous avons presque raison de croire qu'il n'existe pas (de fait, il n'existe pas à la façon des créatures). Le fœtus ne voit pas sa mère ; et s'il peut croire qu'il n'a pas de mère, c'est justement parce que tout est *signe* de sa présence, qu'elle est présente *partout* – et non pas seulement *quelque part* à l'intérieur de son ventre. La croyance athée est encore un inconscient hommage rendu à l'incommensurable bonté de l'Éternel.

Faire le ménage

Il n'y a pas que le linceul intact et retombé mieux qu'un soufflé au fromage. Il y a aussi le voile, posé à l'écart. Des exégètes lisent ici que le petit suaire

qui recouvrait la Sainte Face n'a pas été plié à part, hors des bandelettes, mais qu'il est resté à l'intérieur du linceul, au niveau de la tête. Il me semble que cette interprétation, de même que certaines interprétations symboliques très relevées, sert à fournir un excellent prétexte pour ne pas participer aux tâches domestiques. On en reste à la disparition prodigieuse, sans penser à plus prodigieux encore, à savoir que le premier geste du Ressuscité fut de plier et ranger soigneusement le linge de son visage telle une serviette après le dîner. Peut-être est-ce là le signe qui bouleverse Jean : le Christ commence sa gloire en posant la simple action d'une lavandière.
On dira que j'exagère, probablement. On voudra que tout retombe dans la vulgarité du grand spectacle ou la démonstration de force. C'est qu'on ne sera pas entré assez avant dans la mystique du ménage. Car quoi de plus à l'image de Dieu, d'après ce que nous venons de voir, que de faire le ménage : *Je balaierai la maison de Jéroboam comme on balaie à fond le fumier,* dit le Seigneur par la bouche du prophète Ahiyya (1 R 14, 10). Et Jésus *nettoie son aire* (Mt 3, 12), chasse les marchands du Temple, lave les pieds de ses disciples. (On peut ici penser au joueur de curling par opposition au joueur de hockey : le hockeyeur pousse le palet à coups de crosse, le joueur de curling

balaye la glace devant le palet qui glisse ainsi vers le but sans se douter de rien, comme si c'était de son seul élan.)

Le vrai manager est plus proche de la ménagère que du petit caporal-chef. Celle-ci n'apparaît guère sur le devant de la scène, c'est toutefois grâce à elle qu'il y a une scène accueillante où peuvent jouer les acteurs. Elle ne porte pas leurs costumes chamarrés, mais elle les a lavés, repassés, recousus, mis sur le cintre dans leur loge. De là vient cette douceur partout diffuse dans une demeure : quand le linge est à sa place, quand le parquet brille, quand la table est mise et que le fumet du plat mijote et chatouille vos narines, quand vos vêtements sont propres et que la couleur et le tissu des rideaux et des canapés ont été choisis avec un goût infaillible, enfin quand tous les coins de la maison portent la marque d'attentions délicates qui changent la boîte géométrique en séjour où il fait bon vivre et converser… N'est-ce pas une parfaite imitation de Dieu, *lui qui fit la terre et la forma, lui qui l'affermit, qui l'a créée, non pas comme un lieu vide, mais qui l'a façonnée pour être habitée* (Is 45, 18) ?

Ainsi, au début et à la fin du cycle de ses apparitions, dans le constat de son absence au sépulcre comme dans la vision de son ascension au mont des Oliviers, le Ressuscité s'efface devant ses disciples, et il s'efface parce qu'il leur *prépare une place* et un avenir à sa suite (Jn 14, 3). Jean voit cette place vacante qui l'appelle, il y entend le plus discret et le plus intime des « Après vous » (qui est aussi un « À ton tour ») et il croit.

P.-S. pour ma femme : Chérie, si j'ai parlé ainsi du ménage, ce n'est pas pour que tu t'y appliques avec plus d'ardeur, en dépassant le cliché décourageant de la femme soumise. C'est de la métaphysique. Je n'y peux rien. Tu dois d'ailleurs reconnaître que par cette méditation je me suis moi-même privé de mes meilleures excuses.

IV
VA VOIR LÀ-BAS SI J'Y SUIS

Marie se tenait près du tombeau, au-dehors, pleurant. Or, comme elle pleurait, elle se pencha vers le tombeau et elle voit deux anges en vêtements blancs, assis l'un à la tête et l'autre aux pieds de l'endroit où avait reposé le corps de Jésus. Ceux-ci lui disent: «Femme, pourquoi pleures-tu?» Elle leur dit: «Ils ont enlevé mon Seigneur, et je ne sais pas où ils l'ont mis.» Ayant dit cela, elle se retourna, et elle voit Jésus qui se tenait là, mais elle ne savait pas que c'était Jésus. Jésus lui dit: «Femme, pourquoi pleures-tu? Qui cherches-tu?» Le prenant pour le jardinier, elle lui dit: «Seigneur, si c'est toi qui l'as emporté, dis-moi où tu l'as mis, et je l'enlèverai.» Jésus lui dit: «Mariam!» Se retournant, elle lui dit en hébreu: «Rabbouni!» – ce qui veut dire: Maître. Jésus lui dit: «Ne me touche pas, car je ne suis pas encore monté vers le Père. Mais va trouver mes frères et dis-leur: je monte vers mon Père et votre Père, vers mon Dieu et votre Dieu.» Marie de Magdala vient annoncer aux disciples: «J'ai vu le Seigneur», et ce qu'il lui a dit – à elle.

Jean 20, 11-18

On peut tout à fait lire l'Évangile comme une enquête policière, mais c'est à la condition de découvrir que sa structure est plus surprenante qu'un roman d'Agatha Christie ou même que l'*Œdipe-Roi* de Sophocle. Dans la célèbre tragédie grecque, Œdipe mène l'enquête et, à son terme, découvre que le criminel n'est autre que le détective, c'est-à-dire lui-même. Le lecteur reste toutefois innocent, épargné – au moins jusqu'à l'arrivée du psychanalyste qui essaiera de le persuader qu'il est Œdipe lui aussi. L'Évangile n'a pas besoin de recourir au stratagème freudien. Il suffit de le lire – même pas entre les lignes – pour s'apercevoir que *le Christ est mort pour nos péchés selon les Écritures* (1 Co 15, 3), et que, par conséquent, derrière Pilate, la foule des Juifs, les grands prêtres, il y a moi (c'est-à-dire aussi toi, cher lecteur), et que ceux-ci sont pour nous comme autant d'instruments ou de collaborateurs dévoués.

Mais l'enquête ne s'arrête pas là. Elle se compose d'un second volet, lequel semble ne relever de la compétence d'aucun service existant à ce jour dans la police, même si certains ne manqueront pas de croire que la brigade criminelle, celle des stupéfiants, ainsi que celle de la répression du proxénétisme pourraient s'y attaquer ensemble. En tout cas, si une telle brigade venait à naître, elle aurait pour sainte patronne Marie de Magdala. C'est elle qui porte spécialement le second volet de l'affaire: le mystère du tombeau vide, bien plus mystérieux que celui de la « chambre jaune ». Car, après le meurtre dont le cas est rapidement résolu (c'est moi qui ai fait le coup – c'est-à-dire toi aussi, cher lecteur), vient la résurrection, dont l'événement est assez rare pour déconcerter aussi bien Sherlock Holmes qu'Hercule Poirot. Et son énigme est la suivante : Où se trouve désormais le corps du Christ ?

Comprenez qu'il ne s'agit pas seulement de le revoir après le constat du tombeau vide, mais de savoir où il réside à cette heure, après l'Ascension. Est-ce parmi les étoiles, entre la Grande Ourse et le Petit Lion ? Est-ce plutôt dans le tabernacle de l'église du quartier ? Le *Credo* déclare sans aucune connotation politique qu'il est à droite – à la droite du Père. Mais où est-elle donc, cette droite qui n'est pas la mienne et qui peut aussi bien se trouver à ma gauche ?

Non-reconnaissance

À première vue, Marie Madeleine n'est pas Miss Marple. Elle passe à côté des indices les plus flagrants. D'abord, elle voit et entend deux anges – et cela n'éveille chez elle aucun soupçon : les créatures célestes ne retiennent pas plus son attention que deux figurants à l'arrière-plan de la grande scène d'amour. Ensuite, alors qu'elle devrait tout de suite procéder à un interrogatoire en bonne et due forme afin d'avoir un début de piste, elle reste muette et c'est elle qui se laisse interroger : *Femme, pourquoi pleures-tu ?* Les anges sont manifestement plus intéressés à elle qu'elle ne l'est à eux. Enfin, voici que Jésus paraît, elle tombe pile sur celui qu'elle cherche et, au lieu de le reconnaître sur-le-champ, elle le prend pour le jardiner du coin, pire encore – pour le suspect numéro 1 : *Si c'est toi qui l'as emporté, dis-moi où tu l'as mis !*

Il arrive toutefois qu'à force de culbutes on retombe comme un chat sur ses pattes. Et c'est ici le cas. Marie Madeleine s'est tellement trompée de direction que l'addition de tous ses écarts lui fait retrouver le droit chemin. Elle a raison de supposer qu'elle se trouve en face du ravisseur : c'est bien lui – même si elle n'a pas encore saisi que le ravisseur ne fait qu'un avec l'enlevé.

Comment interpréter cet aveuglement ? Est-ce d'ailleurs Marie Madeleine qui est en défaut, ou ses interlocuteurs qui la désorientent volontairement avec un incognito mesuré ? Pourquoi les anges se montrent-ils avec si peu d'ailes et d'auréoles au point de pouvoir être confondus avec des gars sans intérêt ? Et pourquoi le Christ, surtout, s'est-il rendu méconnaissable au point d'apparaître comme le premier suspect à celle qui lui avait été si proche ? Il aurait très bien pu faire que Marie Madeleine ou les disciples d'Emmaüs l'identifient instantanément.

Il a délibérément préféré jouer à cache-cache. Maintenant qu'a été traversé tout le sérieux de la croix, la Sagesse *joue sur la surface de la terre et trouve son bonheur parmi les enfants des hommes* (Pr 8, 31).

Transmettre l'intraduisible

Et voici que Jésus l'appelle par son nom : *Mariam!*, et la Madeleine retrouve subitement sa place et ses souvenirs : *Rabbouni!* s'écrie-t-elle, ses yeux décillés par ses oreilles. C'est le seul dialogue que l'évangéliste a voulu conserver en hébreu. Pourquoi tout d'un coup cette « saveur locale » ? Est-ce pour l'exotisme ? Plus certainement pour l'exergue. Il ne faut pas rapporter ce face-à-face en grec. Il faut le mettre à part, lui garder toute sa singularité intraduisible, rappeler ce qu'une vraie rencontre a d'insubstituable.

Ce bref dialogue résume à lui seul tous les mots que deux amoureux échangent et qui ne peuvent que sonner creux à une personne extérieure – creux et niais et sans aucune utilité pour les progrès du savoir. Ce qui importe entre les amoureux, ce n'est pas l'information (sinon à quoi bon répéter : « Je t'aime » ?), ce n'est pas le fond (« Je t'aime » ne nous explique rien, et peut même paraître bien présomptueux), ce n'est pas la forme non plus (le dire en un très beau sonnet n'est pas plus beau, et conduit même à s'écouter un peu trop soi-même), mais c'est une qualité particulière du ton, le fait que ce « Je t'aime » inassumable est adressé à toi, à toi seul, au point que l'amant peut ne pas le dire mais seulement redire ton nom : *Maria* – comme dans *West Side Story* : *« All the beautiful sounds of the world in a single word... / Say it loud and there's music playing, / Say it soft and it's almost like praying... »*

Jean nous apprend par là ce qui ne peut pas rester l'objet d'un enseignement général (on connaît cette maxime de Tchouang-Tseu que Claudel souhaitait voir gravée au fronton de tous les établissements scolaires : « Ce qui mérite d'être appris, c'est ce qu'on ne peut enseigner. ») Marie ne répond pas : « Mon bien-aimé. » Elle répond : « Maître. » Or, un maître est toujours plus qu'un enseignant : avec lui, l'amphithéâtre devient chambre haute, le discours professoral est dépassé par l'appel à poursuivre, nous entrons dans ce qui est tellement intime et singulier sous la banalité même des mots que c'est d'abord moi que cela concerne et que personne ne pourrait l'entendre à ma place. L'élève se change en témoin : ce n'est plus le seul contenu de la leçon, mais la contenance du maître qu'il importe de transmettre, sa manière de vivre, et pour cela il n'est pas d'autre possibilité que d'entrer dans cette manière de vivre – à sa suite, c'est-à-dire aussi originalement que lui.

La vraie gloire ne consiste pas à être tout de suite repérable à ses paillettes, son enseigne voyante, son apparence conforme à ceux de la grande affiche : « C'est lui ! L'acteur qu'on voit dans le film de Mel Gibson et aussi dans la série *Person of Interest* ! » Ce qui arrive, dans ce genre de gloriole, c'est précisément le contraire de ce que l'on prétend : l'image de la vedette est devenue plus importante que la vedette elle-même, et son identification n'est plus que relative à cette image commercialisée... Marie ne reconnaît pas Jésus à sa figure célèbre ni même à sa voix. Elle le reconnaît à sa vocation. Il n'y va pas d'une image extérieure et commune mais d'un écho intérieur et personnel. Il l'appelle par son nom propre et lui confie de transmettre aux autres le témoignage de cet incommunicable vis-à-vis. Et c'est la raison pour laquelle ces autres, pour commencer, ne parviennent pas à la croire. La Bonne Nouvelle échappe aux *news* : elle n'est pas de l'info pour tous, mais un appel de chacun.

Retournement de l'Éden

On a souvent souligné la symétrie de la chute en Éden et de ce relèvement au jardin. Là, la femme innocente succombe à la tentation du serpent et donne le fruit défendu à Adam. Ici, la femme pécheresse est surprise par la résurrection du Sauveur et porte l'annonce de cette merveille à ses frères. Le texte de Marc ressaisit l'événement en une seule phrase choc qui fait se heurter

la primeur que reçoit Marie Madeleine et la pourriture dans laquelle elle était naguère : *Ressuscité le matin, le premier jour de la semaine, il apparut d'abord à Marie de Magdala dont il avait chassé sept démons* (Mc 16, 9).
Le surnaturel Printemps se manifeste en premier lieu à la rose flétrie – à celle qui avait un démon pour chaque jour de la semaine ou pour contrer chaque don du Saint-Esprit : démon de la peur de l'événement, avec ses poils hérissés devant la caresse ; démon de la piété mondaine, qui s'élève comme le lierre, en rampant ; démon de la science orgueilleuse, cachant ses cornes sous la toque de l'Université ; démon de la force soupe au lait, incapable de supporter la moindre vexation ; démon du mauvais conseil, qui vous dispense tous les trucs et astuces pour gravir les échelons de l'enfer ; démon de l'intelligence artificielle, qui croit que la pensée s'accomplit, non pas dans la louange, mais dans le calcul ; démon de la sagesse sur les sites de spiritualité, qui vous procure « bien-être, liberté intérieure, harmonie et sérénité au quotidien » en vous assurant que vous êtes la réincarnation d'une impératrice et que votre chef de bureau n'est qu'une illusion. Notre Marie ni sainte ni vierge avait tout pour réussir dans les meilleures sociétés. Pas de chance, ou coup de grâce, comme on voudra, la voilà dépossédée des sept clés du succès et mandatée par le Ressuscité pour raconter l'impossible à une troupe de lourdauds.

Au serpent, *la femme* avait dit qu'il ne fallait ni manger ni toucher le fruit de l'arbre au milieu du jardin, ce qui était faux : le Seigneur n'avait jamais interdit qu'on le touche. Or, à l'inverse, le premier commandement que Jésus adresse à celle que les anges et lui-même ont d'abord appelée *Femme* est : *Ne me touche pas.* Est-ce, comme le pensent certains pudibonds, pour contrecarrer un embrassement trop sensuel de la part de l'ancienne prostituée ? Ce serait oublier que – analogie avec l'Éden encore – si Jésus lui interdit de le toucher, il lui commande d'*aller dire* à ses frères. La pervertie se change en apôtre : hier la femme communiquait le mensonge à l'homme, aujourd'hui Marie annonce aux hommes le Ressuscité. Et, par symétrie, tandis que le fruit défendu pouvait être touché mais pas mangé, Jésus, qui est aussi *le pain vivant* (Jn 6, 51), ne doit pas être touché mais mangé. Celui qui dit : *Ne me touche pas* est en effet le même que celui qui a dit quelques versets plus haut : *Si vous ne mangez pas la chair du Fils de l'homme et ne buvez son sang, vous n'aurez pas la vie en vous* (Jn 6, 53). Son *Noli me tangere* se double ainsi de la recommandation de le prendre à pleine bouche, plus sauvagement que dans le baiser le plus fougueux, c'est-à-dire de le recevoir dans l'eucharistie. L'interprétation exige donc un peu plus de tact. Elle nous ramène d'ailleurs à l'énigme de notre enquête policière.

Le problème de l'Incarnation

Où est le corps du Ressuscité ? Est-il simplement ici, devant Marie Madeleine, comme un corps parmi d'autres ? Mais alors pourquoi sa résurrection, si elle ne change rien à la condition d'avant la mort ? Peut-être que notre détective avait plus de flair que Miss Marple, au bout du compte. Peut-être qu'elle n'avait pas entièrement tort de ne pas le reconnaître, de le confondre avec un jardinier municipal ou même avec un voleur de cadavre.

L'Incarnation a toujours posé un problème aux yeux des Juifs. Elle leur semble contrarier l'amour du prochain. En plongeant la transcendance divine dans l'immanence de ce monde, elle paraît la dégrader dans ce que nous dénoncions précédemment : la concurrence du Créateur avec la créature, la compétition du Fils avec le frère. Tant que l'Éternel n'est pas un homme, mais l'auteur de toutes choses, je ne peux le rencontrer qu'à travers chaque homme (et même chaque moustique), comme on ne connaît un grand auteur qu'à travers ses livres ou sa correspondance. Mais s'il se fait cet homme-ci, alors je vais avoir tendance à me tourner vers cet homme-ci et ne plus voir cet autre homme-là, mon prochain, qui d'ailleurs m'était depuis longtemps profondément antipathique. Frank et Micheline sont là, mais voici que Dieu entre dans la pièce avec plus de dignité que John

Wayne dans le *saloon*. Les pauvres ne font pas le poids. Et puis je laisserai d'autant moins passer l'occasion de « contempler Jésus » qu'elle me fournit une bonne raison de me détourner de Frank ou de Micheline.

Le même problème se répercute sur les images : pourquoi prier devant une icône de Jésus, et pas devant son enfant, sa femme, son beau-père, le plombier, le sans-logis ou même un ministre du Budget ? Non seulement le corps du Christ tend à éclipser le corps de Frank, mais même l'icône du Christ tend à nous faire oublier que Frank est à l'image d'Élohim, plus que n'importe quelle représentation picturale et bien que sa fréquentation soit aussi désirable qu'une crise d'asthme. L'Incarnation, avec l'iconographie qu'elle autorise, ne nous fait-elle pas retomber dans l'idolâtrie ? Car l'idolâtrie, dans ce qu'elle a de plus mauvais, n'est pas autre chose que cela : mépriser son prochain. Formellement, elle consiste à rendre à une créature l'honneur dû au Créateur ; mais la conséquence immédiate de cet honneur concédé à cette créature privilégiée est de pouvoir exclure absolument toutes les autres créatures de notre champ d'attention. C'est cette exclusion qui motive l'idolâtrie, laquelle serait inexplicable sans cela. Enfin on est légitimé à refouler tous les importuns, spécialement Frank et Micheline ! Dégagez, bande de minables ! il me faut accueillir le Seigneur qui passe !

Pour nous ouvrir les yeux

Il convient néanmoins de faire ce petit rappel naïf mais incontestable : un portrait peut nous apprendre à mieux apprécier les gueules qui nous entourent. Parce qu'au Louvre j'ai admiré cette toile de Domenico Ghirlandaio représentant un vieillard au gros nez pustuleux, je puis à présent voir dans un gros nez pustuleux un chef-d'œuvre. Certains tableaux cubistes ont même réussi à me faire percevoir ce qu'il pouvait y avoir d'intéressant dans la conversation de Frank.

Notre intelligence est si faible qu'elle a besoin d'exemples. Et d'exemples pour les choses les plus simples, nous l'avons déjà observé. Quand un garçon de café me verse une bière, je ne m'extasie pas, mais si c'est le roi qui me verse la même bière : « Quelle bonté ! Quelle admirable condescendance ! » Que Dieu se fasse humain, qu'il épouse nos actions quotidiennes et par là les rabouche à leur source sacrée, la chose paraît nécessaire, je ne dis pas pour accomplir des exploits inouïs, mais pour sauver les gestes les plus élémentaires : verser une bière, couper du bois, marcher avec des amis, partager un morceau de pain, appeler doucement sa femme – Siffreine – par son nom, comme Jésus a dit « Marie », sans se jeter aussitôt dessus…

Le gnostique Valentin récusait la réalité de l'Incarnation parce qu'il jugeait indigne du Verbe de Dieu d'aller aux toilettes. Mais penser que le Verbe de Dieu est allé aux toilettes est d'une mystique plus transcendante : elle transforme nos cabinets d'aisance en lieux propices à la plus profonde contemplation (nous y reviendrons dans le chapitre suivant). Ici le christianisme va plus loin que le paganisme dans ce qu'il avait de plus beau. Le paganisme voit une dryade derrière un arbre, une ondine cachée dans une source, etc. Les petits dieux des champs et des bois y chargent le blé, l'olive, le bol et la charrue de cette poésie qu'on trouve chez Virgile et chez Ovide. Mais que dire si c'est Dieu lui-même, dans sa transcendance non diminuée, qui est venu partager notre vie de tous les jours en se faisant charpentier à Nazareth ? Le rabot devient un outil divin. La plus simple promenade dans une rue devient une mission d'en haut. Manger une figue et boire de l'eau se changent en des actions si messianiques qu'il faut parfois jeûner pour en approcher plus dignement le mystère. Respirer apparaît soudain comme un événement à vous couper le souffle. Et parler avec sa mère, travailler avec des pêcheurs (Pierre, Jacques, Jean…) ou des percepteurs (Matthieu, Zachée…), s'entretenir avec une femme divorcée sept fois (la Samaritaine), tout cela est désormais de l'ordre de la plus haute spiritualité.

Le plus grand dans le plus petit

En se faisant l'un de nous, le Fils ne nous vole pas la vedette, encore une fois, il nous ménage une place divine. Et c'est pour ce motif qu'au terme de sa carrière terrestre, le corps du Ressuscité n'est plus à chercher comme un corps parmi d'autres, mais comme le corps dont tous les autres corps sont très réellement les membres : *Vous êtes, vous, le corps du Christ, et membres chacun pour sa part… et donc membres les uns des autres* (1 Co 12, 27 et Ep 4, 25).

Tel est le terme de l'enquête, le fin mot de l'énigme, le corps du Christ est à trouver dans le corps de mon prochain. Et mon prochain est peut-être un genou quand je suis l'aisselle, ou l'avant-bras quand je suis le mollet. Le doigt de Dieu ? C'est ce type qui vient de vous marcher sur les orteils. Je concède qu'il faut avoir la foi pour le reconnaître. Mais c'est là que la rencontre au jardin accomplit le retournement de la chute : le mensonge du serpent – *vous serez comme des dieux* (Gn 3, 5) – devient la vérité du Christ. Et c'est là que doit aboutir notre enquête : Si tu veux retrouver le corps du Ressuscité, *va trouver ses frères.*

Cela explique pourquoi Jésus s'est montré à Marie de Magdala et non à Marie de Nazareth. Ce n'est pas tant qu'il cherchait à se soustraire aux inévitables sollicitudes d'une mère juive : « Est-ce qu'ils te nourrissent bien, là-bas ? Et la descente aux enfers, j'espère que ce n'était pas trop dur… Laisse-moi t'arranger un peu ton vêtement blanc… » En vérité, elle n'avait même pas besoin de voir les linges retombés pour croire. Celui à qui elle avait fait place dans son ventre, elle savait qu'il était là pour faire à chacun sa place rayonnante. Elle l'avait entendu dire : *Ce que vous avez fait au plus petit de ceux-là qui sont mes frères, c'est à moi que vous l'avez fait* (Mt 25, 40). Le corps de son Fils ressuscité, elle le voyait déjà dans le plus petit, dans le plus terne – et même dans le plus brillant (celui qui a besoin de faire l'intéressant parce qu'il ne croit pas l'être, et qui est par là d'une pédanterie exécrable, mais même celui-là, j'en sais quelque chose, Marie sait y voir son enfant).

V

AVEZ-VOUS QUELQUE CHOSE À MANGER ?

Et il advint, comme il était à table avec eux, qu'il prit le pain, dit la bénédiction, puis le rompit et le leur donna. Leurs yeux s'ouvrirent et ils le reconnurent… mais il avait disparu de devant eux. […] Et comme, dans leur joie, ils ne croyaient pas encore et demeuraient saisis d'étonnement, il leur dit : « Avez-vous ici quelque chose à manger ? »

Lc 24, 30-31 et 41

Une fois descendus à terre, ils aperçoivent, disposé là, un feu de braise, avec du poisson dessus, et du pain. […] Jésus leur dit : « Venez déjeuner. » Aucun des disciples n'osait lui demander : « Qui es-tu ? » sachant que c'était le Seigneur. Jésus vient, il prend le pain et il le leur donne ; et de même le poisson.

Jn 21, 9 et 12-13

Alors, au cours d'un repas qu'il partageait avec eux…

Ac 1, 4

« La digestion, qui s'accomplit à souhait dans un silence sacré, voilà le principe de toute poésie. » Cette déclaration de Chesterton peut paraître très prosaïque. Elle va tout à fait dans le sens de la résurrection.

Dans son glorieux état, Jésus n'a pas besoin de manger. Et néanmoins il le fait. Pourquoi donc ? Pourquoi celui qui a résisté à Satan en rappelant la parole du Deutéronome (8, 3) : *L'homme ne vit pas que de pain, mais de toute parole qui sort de la bouche de Dieu* (Mt 4, 4) a-t-il voulu, au moment même où il peut ne vivre que de la bouche de Dieu, se nourrir encore de pain ? Beaucoup disent que c'est pour attester qu'il n'est pas un fantôme mais possède un vrai corps de chair certifiée. Celui qui s'en tient là n'est qu'à un pas de croire que Jésus fait semblant. Arrivent les aigreurs d'estomac et ce pas est aisément franchi : non, Jésus ne prend à ces repas aucun plaisir, il ne digère surtout pas (crainte que sa digestion ne soit pas assez glorieuse pour ne laisser aucun déchet), si bien qu'en dépit de leur affirmation initiale il serait un fantôme malgré tout, avec cette seule différence qu'il est plus que les autres fantômes habile à faire illusion.

Pour ma part, j'ai quelque répugnance à penser que la Vérité puisse mentir. Si elle ne fait pas semblant d'avoir un corps, elle ne saurait faire semblant de manger. Quand elle partage un repas avec ses disciples, elle le partage vraiment. Sans doute en la circonstance ne facilite-t-elle pas la tâche des théologiens. Elle glorifie du moins celle des mangeurs, lesquels sont pour l'heure un peu plus nombreux (les théologiens eux-mêmes, quoi qu'ils en pensent, en font partie). Et elle confirme l'intuition de Chesterton : le Ressuscité ne mangeant point par manque, il ne peut le faire que par poésie. C'est cette poésie fondamentale qu'il s'agit à présent de méditer.

Secret de beauté

Il y a certes la *perdition* de ceux *qui ont pour dieu leur ventre* (Ph 3, 19). Mais c'est parce que ces gastrolâtres n'ont pas assez contemplé ce que leur ventre avait de divin. S'y seraient-ils appliqués qu'ils auraient très certainement purifié leur appétit. Qu'on songe un seul instant à cette orchestration d'organes si variés, des incisives jusqu'au derrière, avec la merveille des muscles sphincters et du péristaltisme, des deux cents millions de neurones délocalisés dans nos intestins, de l'action amicale des enzymes et des bactéries en symbiose (ces bactéries qui sont en chacun de nous cent fois plus nombreuses que nos propres cellules et forment sous notre ceinture abdominale l'écosystème le plus dense de la planète !), de la délicate absorption des nutriments par la partie grêle et le côlon de cette tuyauterie deux fois plus longue qu'un boa constrictor, sans compter cette salive qui vient à la langue par les yeux ou par l'odeur ou par l'imagination (représente-toi le plat que tu aimes et sens le flot qui envahit ta bouche), et ce stupéfiant estomac qui sécrète des litres d'acide chlorhydrique et en même temps le mucus lui permettant de ne pas se dévorer lui-même ! Quelle machine est plus admirable ? Laquelle est capable de cette alimentation qui n'est pas d'un carburant, mais d'une nourriture ?

Car le carburant (gaz, essence, électricité, etc.) ne sert qu'à faire fonctionner une machine. Quand on ne lui en apporte pas, celle-ci continue de subsister. Elle est à l'arrêt, mais ne meurt pas. Le carburant n'est pas un reconstituant. Il ne maintient pas l'existence du moteur, ni de la carrosserie, ni de n'importe quelle autre pièce de la voiture. La nourriture, elle, ne fait pas que fournir les calories qui servent au fonctionnement ; elle contribue plus foncièrement à la subsistance, à la croissance puis même à la fécondité de celui qu'elle nourrit. C'est ce que disent les incroyables mots de « restaurant » et de « réfectoire ». En mangeant, on se restaure, on se refait, on se régénère (pour ne pas dire « on se ressuscite »).

Cette dinde farcie est-elle consommée par la belle Gisèle Bündchen ? La voici convertie en la propre substance du *top model* dont les volumes, les courbes fluides, la marche gracieuse sur le *catwalk* ont bénéficié aussi hier d'un plat de moules, d'une tarte aux brocolis, que sais-je ? de quinoa-tofu accompagné de bordeaux : toutes les denrées du monde passées par cet alambic distillant plus que de l'ambroisie ! Le plus grand artiste contemporain n'arrive pas à la cheville du système digestif. Il ne sait pas unir à un tel degré de présence l'horrifique et le splendide. Il ne parvient pas à changer aussi subtilement le steak-frites en la forme radieuse d'une femme.

Dépendance et assomption

Cette assimilation a souvent été réduite à une métaphore de la cupidité : le mangeur ramène tout à soi. Mais, dès qu'on la considère d'un peu plus près, elle apparaît plutôt comme un rappel à la plus grande modestie : l'homme le plus spirituel dépend encore de la bouffée d'oxygène, du bol de soupe, de la tranche de pain. Sans quelque chose à manger, notre belle autonomie dépérit. Sans une assiette, nous ne sommes plus dans notre assiette. Nous tenons debout en prenant appui sur l'air : que l'air manque et nous nous effondrons. Nous marchons sur le sol en marchant sur l'eau : que l'eau manque et nous séchons sur place. Ne demandez pas au poète d'entonner son chant sublime s'il n'a pu mordre dans sa tartine ni lamper son café. La Muse est son inspiratrice, mais la Mangeaille est sa restauratrice. Pour vivre de ses vers, il faut que ses vers lui procurent des vivres.

Qu'il en prenne conscience, et cette dépendance l'entraîne à la gratitude : Honneur à la cuisse de poulet sans laquelle je ne tiendrais plus sur mes jambes ! Grâce à la laitue sans laquelle je ne pourrais raconter mes salades ! Hosannah au bol d'air sans quoi mes lèvres seraient incapables de louange ! L'acte primitif de la nutrition fait que toutes ces choses se transforment en ma parole et, pour que ma parole les assume complètement, m'invite à leur offrir en retour une survivance spirituelle et un respect moral. L'air devient l'air d'une chanson, la laitue apparaît sur mes feuilles d'écriture, la poule se métamorphose en symbole si beau que Jésus lui-même se compare à *une poule qui rassemble ses poussins sous ses ailes* (Mt 23, 37). Aussi ne puis-je plus les traiter n'importe comment. Leur présence comestible est un don initial dont je dois prendre soin et qui me convie à la gratitude. Mes borborygmes me le laissent entendre. Ils forment les premières phrases d'une harmonie qu'il me faut prolonger. Car comment se fait-il qu'il y ait du comestible ? D'où vient cette convenance entre mon corps et le monde ? Les chasseurs-cueilleurs sont convaincus qu'il y a du divin dans le renne et la fraise des bois. Cette conviction se fait plus rare chez le client de l'hypermarché. Les emballages pourraient lui faire croire que tout pousse directement sur les rayons de la Grande Distribution (substitut de la Providence). Mais s'il peut se croire maître et possesseur de la nature, c'est bien parce que la nature s'offre d'abord à sa prise. Et cette offrande même, de même que sa capacité à l'accueillir ou à la prendre, l'homme n'en est pas l'auteur.

Les dyspeptiques y trouveront sans doute à redire, aussi bien que les gloutons. Les premiers ont du ressentiment à l'égard des nourritures, parce qu'ils les digèrent mal ; les seconds n'ont pas le temps de les savourer avec leur esprit, parce qu'ils les absorbent trop vite. Les uns comme les autres pourront se récrier : « Célébrer dans un hymne la cuisse de poulet, l'éleveur de volaille et leur Créateur à l'un comme à l'autre ! Prétendre s'accompagner des accords de la digestion ! Une telle poésie est bien excentrique et loufoque ! » Elle est des plus communes. C'est celle du bénédicité et des grâces. Et c'est le sens ultime de la physiologie.

Le Christ le rappelle à ses Apôtres. Après la résurrection, son corps subsiste désormais par la vie qu'il puise en sa source éternelle. S'il mange à nouveau, ce n'est donc plus par dépendance, mais par assomption. Il assume dans sa gloire notre ordinaire, afin que nous reconnaissions dans notre ordinaire un ordre merveilleux, que nous comprenions que le pain lui-même sort de la bouche de Dieu. Quand saint Paul exhorte : *Frères, tout ce que vous faites : manger, boire, ou toute autre action, que ce soit pour la gloire de Dieu* (1 Co 10, 31), il n'impose pas un commandement du dehors, selon une dévotion qui se superposerait à la digestion. Il réclame une dévotion qui fleurit à partir de la digestion même. Il demande juste d'être lucide, de s'aviser de ce qui est déjà là, de considérer que manger et boire sont en soi des opérations formidables et qui méritent bien, pour employer une formule pas trop exagérée, de nous tenir au ventre, de nous prendre aux tripes.

La loi de la table

Dans l'Évangile, il arrive à notre Seigneur de distribuer miraculeusement des pains et des poissons, mais il faut attendre sa résurrection pour qu'il commence à faire simplement la cuisine. Je connais certains couples où seul un événement de cette envergure pourrait mettre le mari aux fourneaux – et parfois aussi la femme, tant la subjugue aujourd'hui la multiplication des plats surgelés. Tout n'est donc pas sans espoir. Le Ressuscité construit un feu sur le rivage, il y dispose du poisson et du pain. – Mais quoi ? Jésus ne nous aurait délivrés de l'enfer que pour nous apprendre à improviser un barbecue ? L'Évangile s'accomplirait dans une recette de tilapia grillé ? Le Golgotha devrait déboucher sur la révélation du pique-nique ? Le Verbe est descendu du ciel, remonté des enfers, et ce serait au total pour appeler comme n'importe quelle mère de famille : « Venez déjeuner les enfants » ?

J'ai découvert dans un entretien de Marguerite Duras ce qui peut nous éclairer sur ce mystère de simplicité : « Jamais dans aucun cas, dit-elle, on ne doit faire la cuisine pour soi seul. Parce que je pense que c'est ça le chemin qui mène à l'installation définitive du désespoir. De faire pour soi des pommes de terre sautées ou une omelette vietnamienne, c'est littéralement inconcevable. La nourriture est faite vraiment pour tout le monde. Comme la vie, elle est vraiment faite pour tous. Pas la littérature. »

Le repas est à la fois moins abstrait et plus universel que les mots et les idées. Lors d'un vernissage, l'accord est plus unanime autour du buffet que devant les œuvres. Seuls quelques-uns peuvent se retrouver à une exposition ou une conférence : il y va de leurs affinités esthétiques, de leurs engagements politiques, de leurs orientations intellectuelles. Tous se retrouvent autour d'une table : elle ne requiert pas d'autre qualification que d'avoir faim. Là se rencontrent le savant et l'ignorant, le vieillard et l'enfant, le riche et le pauvre, l'innocent et le pécheur, le chic type et la tête à claques, enfin l'homme et la bête et les dieux – la Cananéenne le rappelle : aux marges de la table il peut y avoir le petit chien, le chat, l'oiseau qui en espèrent les miettes (cf. Mt 15, 27) ; et, quand Abraham voit l'Éternel lui apparaître sous la forme de trois visiteurs à l'ombre d'un chêne, ne se sentant pas de soutenir une conversation à leur hauteur, il leur offre des galettes, du fromage, du lait, un peu de veau, autant de choses qui peuvent se trouver dans leur bouche aussi bien que dans la sienne (Gn 18, 1-8)…

À table, la nourriture bâillonne le beau parleur et fournit une contenance au muet. La jolie fille mastique, le laideron devient un convive, l'ingénieur avale avec moins de bonheur que le déficient mental, et certainement moins d'application que le nourrisson. Enfin le traître peut se servir dans le même plat que le saint (*Amen, je vous le dis : l'un de vous, qui mange avec moi, va me livrer* – Mt 26, 23). Les voilà tous à égalité devant les mets plus que devant la mort. Et voilà la religion vraiment catholique. Elle ne veut pas qu'on adhère à une idéologie ni à une phraséologie. Elle veut seulement qu'on ouvre grand la gueule ensemble – et qu'on sache gober : *C'est moi, le Seigneur ton Dieu, qui t'ai fait monter d'Égypte*! *Ouvre ta bouche, moi, je l'emplirai* (Ps 80, 11).

Qui mange ma chair et boit mon sang

On peut donner une pièce à un clochard afin de lui acheter notre bonne conscience (ce qui nous apprend au passage que notre conscience était en sa possession). On peut aussi s'asseoir et causer avec lui afin de lui faire part de notre sagesse un peu bavarde ou de notre écoute un peu sourde mais ponctuée de compréhensifs hochements de tête. Le mieux, sans aucun doute, c'est de partager avec lui le sandwich et le coup de rouge. On entre alors dans la poésie vraiment commune. On est au même plat, sur le même plan, dans une proximité mordante, et il n'est pas improbable que du côté de l'appétit le clochard soit notre maître.

On subodore toutefois que ce n'est pas suffisant. La conversation s'engage par-dessus le casse-croûte. Mais elle atteint rapidement ses limites : la bouche qui parle se fait moins bien comprendre que la bouche pleine. Il faudrait donc que la bouche pleine soit en même temps la bouche qui parle. Que le sandwich soit aussi le Verbe de vérité. Que le coup de rouge soit le vin du Royaume. Ou, inversement, que la grande question philosophique « Qu'est-ce que c'est ? » soit aussi partageable et nourrissante que du bon pain (de là vient le nom de la manne – *man hou ?* en hébreu, et en français : « Qu'est-ce que c'est ? »).

Les disciples d'Emmaüs reconnaissent le Ressuscité à la fraction du pain, et à ce moment même il disparaît, et à ce moment aussi les disciples s'apparaissent à eux-mêmes : *Notre cœur n'était-il pas tout brûlant au-dedans de nous, quand il nous parlait en chemin, quand il nous expliquait les Écritures ?* (Lc 24, 32). Le phénomène le plus étonnant n'est pas de ne pas avoir reconnu Jésus quand il marchait avec eux, mais de ne s'être pas reconnu

soi-même avec son cœur en feu. L'interprétation des Écritures n'avait pas suffi – il fallait que la Lumière se mît à table avec eux, il a fallu même qu'elle se fît nourriture pour n'être pas que ce qui touche l'intelligence, mais aussi ce qui pénètre la vie jusque dans ce qu'elle a de plus rudimentaire : *Mon Dieu, voilà ce que j'aime, ta loi me tient aux entrailles* (Ps 39, 9). Le Ressuscité se volatilise mais il devient aussi quelque chose de solide : leur pain quotidien. Il s'était déjà fait chair ; à présent il se fait chère et refait leur chair. Il n'est plus là pour leur regard, mais pour leur repas ; il n'est plus là pour leur instruction, mais pour leur construction.
Telle est la communion que Jésus instaure par la Sainte Table, à la fois très en-dessous et très au-delà de toutes les doctrines (ce qui n'empêche pas qu'il y ait un dogme pour l'exprimer).

P.-S. pour mon curé : De ce qui précède, mon Père, vous pourriez tirer de hâtives conclusions liturgiques. Inférer par exemple que l'eucharistie devrait se dérouler comme un gentil frichti à la bonne franquette. Ce serait un parfait contresens. Il faudrait plutôt déduire que le moindre frichti doit être vécu comme une action de grâces, et nos intestins nous apparaître – même avec de l'aérophagie – comme un chapelet primordial et réellement édifiant.

VI
CONFORMÉMENT AUX ÉCRITURES

Et, commençant par Moïse et parcourant tous les Prophètes, il leur interpréta dans toutes les Écritures ce qui le concernait. […] Puis il leur dit: « Telles sont bien les paroles que je vous ai dites quand j'étais encore avec vous: il faut que s'accomplisse tout ce qui est écrit de moi dans la Loi de Moïse, les Prophètes et les Psaumes. » Alors il leur ouvrit l'esprit à l'intelligence des Écritures.

Luc 24, 27 et 44-45

[L'homme riche en proie aux flammes de l'Hadès] dit: « Je te prie donc, père, d'envoyer Lazare dans la maison de mon père, car j'ai cinq frères; qu'il leur porte son témoignage, de peur qu'ils ne viennent, eux aussi, dans ce lieu de la torture. » Et Abraham de dire: « Ils ont Moïse et les Prophètes; qu'ils les écoutent. – Non, père Abraham, répondit-il, mais si quelqu'un de chez les morts va les trouver, ils se repentiront. » Mais il lui dit: « Du moment qu'ils n'écoutent pas Moïse et les Prophètes, même si quelqu'un ressuscite d'entre les morts, ils ne seront pas convaincus. »

Luc 16, 27-31

Si le Christ n'est pas ressuscité, vide est notre message, vide aussi votre foi (1 Co 15, 14). Cette déclaration de saint Paul est pour le moins bizarre. En principe, avec un testament, c'est le contraire qui se passe : le message n'est plein que dans la mesure où son auteur est bien mort. Et toute la littérature, en cela, est de nature testamentaire. Elle se développe toujours à partir de l'absence de l'auteur. C'est lorsqu'il n'est pas là pour nous parler que nous pouvons le lire. Et c'est seulement quand il a entièrement quitté l'être de ce monde que son œuvre peut entièrement intégrer le monde des lettres. Alors il n'y a plus que ses livres, son style, ses idées, ses personnages, et l'on peut se les approprier sans réserve, en faire des chaires à l'université, avoir le sentiment d'une profonde connivence, prétendre se sentir compris par « Balzac » ou « Melville » plus que par ses proches, parce que « Balzac » et « Melville » sont des noms sur une couverture et ne sont plus ces bonshommes de chair et d'os qui se trouvent encore quelque part sur la terre et pourraient démentir notre intimité ou notre intelligence avec eux.

À en croire sa femme Catherine, d'avec laquelle il divorça après lui avoir fait dix enfants, Dickens nous aurait paru beaucoup moins agréable si nous l'avions comme elle fréquenté. Mais il n'est plus accessible qu'à travers ses romans et peut ainsi demeurer à nos yeux l'homme le plus cordial et le plus charmant. De même, Socrate est notre cher ami depuis qu'il a bu la ciguë. Qu'il se fût vraiment tenu devant nous, et nous eussions sans doute fait chorus avec ses juges pour le condamner. La proposition de la littérature est donc exactement inverse à celle de l'Évangile, si l'on en croit saint Paul.

Message vide et présence illisible

La présence physique a ses lourdeurs, ses pudeurs, ses odeurs même. Elle introduit des empêchements. Michel Houellebecq le remarque: «Jamais on ne se livre, dans une conversation, aussi complètement qu'on ne le fait devant une feuille vide, s'adressant à un destinataire inconnu.» Ce qui, du point de vue du lecteur, peut se traduire: on n'est pas aussi complètement réceptif, dans une conversation, que devant une feuille noircie par un écrivain connu. Que le poète et le sage crèvent, et, s'ils avaient été maudits de leur vivant, ils seront bénis après leur mort. Leur message se communiquera infiniment mieux, chacun pourra l'interpréter dans le sens qui lui est le plus favorable. Et puis il est toujours plus commode d'avoir un message entre nos mains que son messager sur les bras (imaginez un seul instant que ce ne soit pas cet opuscule, mais moi-même qui sois assis sur votre table de chevet, je crois que nous conviendrions assez vite, vous, moi et votre conjoint, que la situation n'est pas des plus confortables).

Avec la Bible, cependant, cela ne marche pas comme avec le livre. Vide est le message si le messager n'est pas vivant, assis sur votre table de chevet, ou du moins attendant à votre porte (c'est tout de même un galant homme). Le message nous le dit lui-même. Il est là, derrière la cloison du visible : *Voici, je me tiens à la porte et je frappe ; si quelqu'un entend ma voix et ouvre la porte, j'entrerai chez lui pour souper* (Ap 3, 20).

Mais cette insistance du message pour nous dire la présence du messager implique dans le même moment que la simple apparition du Ressuscité ne suffit pas. Il faut ce message qui insiste. Il faut que cette apparition soit mise en perspective par les Écritures, qui sont nos vraies lunettes de vue. C'est ce que martèle spécialement saint Luc dans ses récits *post resurrectionem*. Les deux apparitions, aux disciples d'Emmaüs puis au cénacle, s'ordonnent selon une symétrie significative : dans la première, Jésus commente la Bible puis se met à table ; dans la seconde, il se met à table puis commente la Bible. Quelques chapitres en arrière, dans la parabole de l'homme riche et du pauvre Lazare, il avait prêté à Abraham cette parole redoutable : *S'ils n'écoutent pas Moïse et les Prophètes, quelqu'un aura beau ressusciter d'entre les morts, ils ne seront pas convaincus* (Lc 16, 31). Comme s'il disait en contrepoint de saint Paul : « Si le message n'est pas écouté, creuse est la résurrection. »

Que Jésus surgisse comme ça au milieu de votre salon, mais sans que ce surgissement soit cerné par l'ostensoir de la Parole révélée à partir de Moïse, des Prophètes, des Psaumes, vous seriez incapable d'en saisir la signification. Vous le prendriez pour Zeus, Mary Poppins ou un V.R.P., pas pour le Messie. D'ailleurs voici ce que je suppose : Jésus est déjà apparu à plusieurs reprises dans votre salon, entre le ficus et le canapé-lit – à moins que ce ne fût dans votre salle à manger – mais, n'ayant pas su déchiffrer sa présence, il a passé inaperçu. Vous n'avez pas su le voir avec l'oreille – ou l'entendre avec l'œil. Si le message est vide quand nous l'interprétons sans lui, sa présence est illisible quand nous la voyons sans les Écritures.

L'ascendance avant l'Ascension

Une résurrection sans la Bible est à peu près aussi sentimentale et insignifiante qu'une crèche de Noël sans la généalogie du Christ. Ici, on s'émeut du petit enfant entre Marie et Joseph : c'est l'heureux événement de la famille nucléaire, avec le bœuf et l'âne en guise de collatéraux, lesquels seront bientôt avantageusement remplacés par le caniche et le Wi-Fi. Là on admire l'homme nouveau qui s'est arraché à notre condition terrestre : c'est la gloire de l'individu libéral, qui s'en est tiré tout seul, en grand garçon, en *self-made man* ou – pour le dire en un mot moins fumeux – en Antéchrist.

On glisse alors presque imperceptiblement du Jésus des Évangiles au Bounderby des *Temps difficiles* : « Un homme qui avait toujours l'air gonflé comme un ballon qui va prendre son essor. Un homme qui ne pouvait jamais se vanter assez à son gré d'être le fils de ses œuvres. » Ce riche entrepreneur cache l'existence de sa mère pour faire croire qu'il fut jeté bébé dans le ruisseau et ne tient son élévation sociale que de son industrie. Traitez-le de « fils de putain », il s'en réjouit, il s'était depuis longtemps de lui-même attribué ce titre qui lui permet de vous démontrer qu'il est avant tout le « fils de ses œuvres ». N'est-il pas malgré tout héritier d'une langue (maternelle) ? Non, il est un sujet autonome, utilisateur du langage, d'accord en cela avec les philosophies les plus modernes, et détenant dans son porte-monnaie des arguments qui valent dans toutes les langues. Aussi croit-il en la résurrection, bien sûr, comme une auto-reconstruction et une évasion hors de l'histoire. Et il pleure devant la crèche où il n'y a plus que le petit sur la paille, mais qui réussira bientôt à se tirer tout seul de la bouse et du crottin.

Rien ne serait plus avantageux à notre orgueil que cette nativité de carte postale : descente divine sans descendance humaine. Voilà pourquoi Matthieu commence par la généalogie de Jésus, d'Abraham jusqu'à Joseph (Mt 1, 1-18). Et rien ne serait plus doux à notre vanité qu'une résurrection de film fantastique : ascension céleste sans ascendance terrestre. Voilà pourquoi Luc retrace cette ascendance, de Joseph jusqu'à Adam, et donc jusqu'à Dieu sans court-circuit, en passant par 77 générations (Lc 3, 23-38). Or, si les évangélistes sont capables de faire cette remontée dans le temps, c'est parce que le Ressuscité s'est fait rabbi. Il a relu les Écritures avec ses disciples. Il leur a montré que sa résurrection ne venait pas abolir, mais accomplir l'histoire d'Israël.

Celui qui résume et rachète l'Histoire

Il est en vérité plus abyssal de naître de Jeanine et Raymond que de sortir de la cuisse de Jupiter. Prenez n'importe quel oiseau, resituez-le dans son arbre généalogique et vous entendrez un chant qui vient des profondeurs du temps. Dionysos ne pose pas de problème, il est hors histoire, transparent jusqu'à n'être plus qu'un dieu antique, c'est-à-dire un symbole. Mais que dire de Denis Mouillon, le fils de François Mouillon et de Sandra née Adjaho ? Il n'a pas de traçabilité olympienne, il n'est pas le symbole de quelque force générale, il n'est pas un archétype, mais un type ordinaire, donc quelqu'un de plus obscur et de plus transcendant.

Pour qu'il soit là, si ordinaire soit-il, il a fallu le croisement improbable de deux lignées d'ancêtres remontant dans une première étape l'une à la Bourgogne, l'autre au Bénin, mais qui, si on les prolonge un peu, traversent discrètement toutes les grandes périodes historiques, les guerres mondiales, la colonisation, la Révolution française, le Grand Siècle, le royaume du Dahomey, le Moyen Âge, Rome, la Gaule, les cavernes, le paradis perdu, la création de l'univers… Toutes ces espèces qui se sont succédé dans l'évolution, tous ces gens qui ont vécu et sont morts après avoir donné la vie, enfin le *T. rex*, l'homme de Tautavel, Jeanne d'Arc, la conférence de Brazzaville, tout cela c'était pour aboutir, aujourd'hui, si difficile à concevoir que cela puisse être, à Denis Mouillon.

Son apparence si banale est la fine pointe d'une épopée plus vaste que l'*Iliade*. Sa naissance quelconque le rattache, par le méandre des amours et des hasards, à un réseau plus mystérieux que le *World Wide Web*. Eût-il été un ange déchu ou un dieu tombé que sa texture eût été moins noble, moins précieuse : elle n'aurait pas entrecroisé toutes ces trames et ces chaînes, tout cet imbroglio de fils à décontenancer les Parques.

Denis Mouillon est beaucoup plus qu'une star – c'est un fils. Une star renvoie à des films, à des albums, à des exploits sportifs ; un fils renvoie aux origines de l'humanité dont il est le couronnement actuel. Oui, Denis Mouillon, responsable logistique chez M&M's, est aussi le résultat et le répondant de toute l'histoire qui le précède : qu'il devienne un homme simple et bon, et voilà que les engendrements tortueux qui conduisirent jusqu'à lui, le père alcoolique, la grand-mère sorcière, le trisaïeul commis de banque, tous sont d'une certaine façon justifiés. *L'arbre se reconnaît à son propre fruit; on ne cueille pas de figues sur des épines, on ne vendange pas non plus de raisin sur des ronces* (Lc 6, 44). Cela est vrai aussi de l'arbre généalogique. Qu'il y pousse une figue ou une grappe savoureuse, les ronces et les épines du passé font clôture et non plus obstacle. L'arbre est soudain racheté par ce fruit mûr. Car le fruit humain peut, par la grâce et par sa liberté, renouveler la sève et dépasser les racines. C'est là sa gloire. Mais c'est aussi sa croix. Il doit porter la branche qui l'a porté.

Tout homme, en tant qu'il est fils, est candidat à la messianité – même Denis Mouillon (et même sa sœur Mégane). Mon lecteur ici pourrait se sentir floué: « Il nous avait dit que Jésus était déjà venu dans notre salon ou à notre table, et que nous n'avions pas su le reconnaître. Mais nous le voyons venir. En fait, ce n'était pas de Jésus qu'il voulait parler, mais de Denis Mouillon ou de tout autre raseur de la même espèce mis en relief par une relecture de l'histoire depuis le Big Bang jusqu'à lui, de sorte que, dans cette perspective, il faudrait recevoir comme le Messie n'importe quel zigoto précisément parce qu'il n'est ni une vedette ni un prélat, mais seulement un fils ou une fille!... » À vrai dire, cela, nous le savions déjà au terme de notre enquête magdalénienne sur le corps du Ressuscité. Il s'agit plutôt à présent de retenir une autre loi qui laisse apercevoir le sens de l'Incarnation et de la Résurrection. Le fruit peut racheter l'arbre, avons-nous dit. Il suffirait que naisse un homme simple et bon pour que cela légitime l'histoire tout entière. Mais où est cet innocent espéré des siècles ? Où est celui qui est assez divin pour être simple et bon ? Mieux qu'Antigone dans son ascendance incestueuse, le voici qui paraît dans la lignée de David l'adultère, et aussi des rois impies Joram, Ozias, Achaz… et jusqu'à Adam, premier des pécheurs. Mais sa grâce est si débordante que même Denis Mouillon, responsable chez M&M's, dès lors qu'il se simplifie, peut à sa suite devenir coresponsable du salut.

Se laisser lire par la Bible

Quand le Ressuscité lit les Écritures, il y met en évidence *tout ce qui le concerne*. Cela va de soi : il n'est pas seulement le Sauveur annoncé, il est la Parole de Dieu. Pas un verset qui ne soit autobiographique. Tout dans la Bible n'est pour lui qu'anecdote, et c'est pourquoi il peut l'interpréter *avec autorité* (Lc 4, 32). Car la véritable anecdote n'a rien d'anecdotique. Elle suppose une prise directe et vivante avec l'événement qu'on relate, comme dans ces récits qu'un voyageur raconte à un dîner et qui, mieux que les pages lues, marquent à jamais votre mémoire. Là encore, la table reste le moyen de la plus haute communication.

Les scribes et les critiques sont incapables de lire la Bible de cette façon, et cela, non parce qu'ils ne la lisent pas assez, mais parce qu'ils la lisent trop. Ils la décortiquent, cherchent entre les lignes, comblent les lacunes par des découvertes archéologiques, publient eux-mêmes des ouvrages sur la question, cachent la réalité sous leurs pénétrants volumes en négligeant l'avertissement de saint Jean dans son Évangile : *Si on voulait mettre par écrit toutes les choses faites par Jésus, le monde lui-même ne suffirait pas à contenir les livres qu'on en écrirait... Mais celles-là ont été mises par écrit pour que vous croyiez que Jésus est le Christ, le Fils de Dieu, et pour qu'en croyant vous ayez la vie en son nom* (21, 25 ; 20, 31).

On se tromperait donc en pensant que la Bible est une lecture. Elle n'est pas une lecture. Elle est une grille de lecture. Elle exige que l'on passe d'une interprétation du texte à une lisibilité du monde, d'une sagesse générale à une histoire qui nous concerne, des écrits sur la vie du Christ à *la vie en son nom* (Jn 14, 13).

Sans cette grille de lecture, la gloire ne serait qu'un spectacle hypnotique, et le nom même de Dieu deviendrait un non-sens. On se tromperait sur ce que ce nom veut dire. On penserait que la pire des choses serait de « se prendre pour Dieu », alors qu'un psaume l'affirme : *Vous êtes des dieux, vous êtes tous des fils du Très-Haut* (Ps 81, 6). Le danger n'est pas de se prendre pour Dieu, mais d'entendre ce nom sans la grille de lecture biblique. Car, si l'on prend ce nom selon l'interprétation qu'elle en donne, le vrai drame est plutôt que nous ne nous prenons pas assez pour des dieux ou des messies, c'est-à-dire pour des fils du Très-Haut. Que nous nous efforcions d'être comme le Dieu dont parlent les Écritures, et nous serions lents à la colère et miséricordieux, nous aimerions tendrement chaque créature, nous nous effacerions pour lui faire place et lui communiquer la liberté de venir à nous ou de se révolter, et nous lui pardonnerions encore quand elle irait jusqu'à nous crucifier injustement… Rien ne rend plus humble que de se reconnaître divin.

La Bible nous montre combien nous refusons cette divinisation au profit de petites idoles sur mesure, et donc à quel point nous sommes morts et avons besoin de résurrection. Elle retourne le projecteur vers notre cœur, ce qui est une expérience à peu près aussi flatteuse que de s'attendre à voir le prince charmant dans le miroir et de n'y découvrir qu'un zombi purulent. C'est afin de s'éviter cette mauvaise surprise (être lu quand on croyait lire) qu'on redouble de scientificité dans sa lecture. On s'efforce d'être éclairant – pour ne pas être éclairé. On se pose en juge impartial – pour ne pas être jugé. Enfin, pour ne pas voir la poutre dans son propre œil, on se fait l'oculiste de ses confrères.

VII
À BOUT DE SOUFFLE : DIRE BONJOUR ET PARDON

Le premier jour après le chabbat, les portes étant closes là où se trouvaient les disciples, par peur des Judéens, Jésus vint, il se tint au milieu d'eux et dit: «Paix à vous!» Ayant dit cela, il leur montra ses mains et son côté. Les disciples furent remplis de joie à la vue du Seigneur. Il leur dit de nouveau: «Paix à vous! Comme le Père m'a envoyé, moi aussi je vous envoie.» Ayant dit cela, il souffla sur eux et leur dit: «Recevez l'Esprit Saint. Ceux à qui vous remettrez les péchés, ils leur seront remis; ceux à qui vous les retiendrez, ils leur seront retenus.»

Jean 20, 19-23

La résurrection du Christ est tout l'opposé de la réanimation d'un cadavre. Elle est même plus opposée à cette réanimation qu'à la mort elle-même. On peut sans mal se représenter la mésaventure d'un médecin qui serait doué d'un tel pouvoir : il réanime un défunt, et voici que ce défunt à nouveau frais comme un gardon – mais, à la différence du gardon, n'ayant pas d'instinct pour le diriger dans le fleuve du monde – lui pose aussitôt cette question passablement embarrassante : « Très bien, docteur, mais à quoi, maintenant, à qui dois-je donner ma vie ? Vous avez décidé que je rempile, vous avez sans doute une bonne raison… Avant j'étais vivant comme ça, sans raison, parce que c'était le mouvement de la vie, mais à présent que vous me *faites* vivre, vous devez avoir une explication ? » Le réanimateur est si dépourvu par la demande de son réanimé qu'il lui conseille d'aller se coucher un peu, ça ira mieux après une bonne nuit de sommeil… Mais le réanimé, dès que son bienfaiteur a le dos tourné, et en l'absence de toute réponse de sa part, n'a rien de plus pressé que de se pendre. Et bien sûr aussi, dès que le médecin découvre son patient mort une seconde fois, il se hâte de le dépendre et de le re-réanimer pour lui faire la morale : « Voyons, monsieur, vous ne pouvez pas être aussi ingrat à l'égard des bienfaits de la science !
– Mais votre science qui me fournit ce surplus

de longévité, ne pourrait-elle pas en conséquence m'indiquer le sens qui va avec ? Excusez mon entêtement, un réanimé est plus coriace qu'un simple mortel, mais soit il y a un sens, et cela vaut la peine que je donne ma vie pour lui ; soit il n'y en a pas, et pourquoi ne me tuerais-je point ?

– Et l'immortalité... l'immortalité n'est-elle pas un bien ?

– Vous voulez immortaliser votre bêtise, je ne vous le reproche pas, c'est normal, sans quoi vous ne seriez pas complètement bête... »

Pas la peine de poursuivre. Vous avez déjà deviné la chute : incapable de soutenir plus longtemps le harcèlement de ces questions, le médecin euthanasie celui qu'il avait arraché au trépas. Ce qui suffirait à montrer que la recherche de l'immortalité et la pratique de l'euthanasie sont du même ordre : il s'agit toujours de régner en maître sur la vie, mais, comme la technoscience est en même temps sommée de fournir le motif de cette perpétuité – ce qu'elle est incapable de faire, dans la mesure où sa méthodologie expulse par principe toute métaphysique – on passe aussitôt de la première à la seconde, on extermine le réanimé.

Dans ce petit apologue, remarquez, la victime de la réanimation est encore assez conciliante. Si j'avais eu à prendre un sujet moins accommodant, disons même le plus insupportable et le plus en colère de tous les réanimés, je l'aurais cherché parmi les saints. Un saint aurait des raisons supplémentaires d'en vouloir au trop bienveillant docteur. Non seulement celui-ci l'aurait privé de son heureux passage pour l'exposer à nouveau au péril de refuser la grâce *in extremis*, mais il l'aurait en outre arraché à la béatitude divine. C'est pourquoi seul un Dieu peut se risquer à la réanimation d'un cadavre. Jésus relève le fils de la veuve, la fille de Jaïre (en commandant qu'on lui donne aussitôt à manger) ou son ami Lazare, mais, s'il se permet cette indiscrétion d'aller réclamer quelqu'un à l'intimité du trépas, c'est parce qu'il lui donne en même temps la possibilité de mourir enfin pour quelque chose qui en vaut vraiment la peine. Si notre médecin avait réanimé un saint, celui-ci ne se serait pas contenté de condamner cette inconscience, il aurait exhorté le médecin au martyre.

Voilà l'essentiel. Non pas l'immortalité, mais le martyre. Non pas la réanimation du mort, mais le réveil du vivant. S'il n'y a pas de simple joie de vivre, il ne peut pas y avoir de bonheur de revenir à la vie, seulement une obstination de *revenant*. Et il ne saurait y avoir de joie de vivre s'il n'y a pas à qui donner sa vie (car la vie est fécondité). Aussi la présence du Ressuscité n'est-elle pas d'abord l'instrument d'une réanimation extérieure, mais le sacrement d'une résurrection intérieure qui agit dès à présent : un renouvellement du souffle, une transfiguration de la sève qui coïncide avec le pouvoir le plus surnaturel et le plus nécessaire au quotidien (je m'adresse encore à toi, ma chérie) – le pouvoir du don et du pardon, le pouvoir, non pas de conserver sa petite vie (principe de l'ontologie bourgeoise), mais d'accueillir la vie de manière assez débordante pour la donner.

Contre le dualisme dévot

Quand Jésus paraît au milieu de ses disciples – sans traverser le mur, je le rappelle, mais survenant malgré les portes closes, comme un passager clandestin, ce qui laisse entendre qu'il était déjà là –, il a ces premiers mots : *La paix soit avec vous.*

Tout de suite, le commentateur très spirituel évoquera la céleste descente de la paix comme une colombe sans plumes et déploiera de telles magnificences stratosphériques qu'elles vous passeront très loin au-dessus de la tête, parce qu'au moment où il parle vous êtes pris par la grippe, tracassé par des déboires administratifs, préoccupé par l'issue incertaine du match Chelsea-PSG, angoissé par de nouvelles menaces d'attentats terroristes… Et vous voici affligé de cette schizophrénie très répandue parmi les croyants : nuages roses dans le ciel, sables mouvants sur la terre, et le bonhomme qui yoyote sans cesse entre les deux.

Or Jésus veut justement nous préserver de ce dualisme. Ses premiers mots, écoutés dans leur contexte, ne séparent pas le ciel et la terre mais réalisent au contraire leur unité. *La paix soit avec vous,* en hébreu, c'est *Chalom aleikhem,* à savoir la plus commune, la plus ordinaire des paroles de salutation. Pour notre plus grand étonnement, le Messie est venu, il a été mis en croix, il est descendu aux enfers, il est ressuscité le troisième jour, et l'on pourrait espérer que toute cette suprême aventure soit pour nous rapporter du fond de l'abîme quelque perle de sagesse impossible à jeter aux pourceaux, et non, c'est pour prononcer cette parole que même les pourceaux ont à la bouche : « Bonjour. »

La guérison : dire bonjour en vérité

J'ai souvent pensé à écrire l'histoire de cet homme qui n'ose plus parler de peur de mentir. Sa crainte ne porte pas sur les grandes et imprudentes formulations théoriques. Elle concerne les mots de tous les jours. Si quelqu'un fait l'appel, il juge présomptueux de répondre : « Je suis là » ; il sait trop bien qu'il n'est jamais entièrement présent. Si on lui demande son nom, il estime trompeur de décliner son identité selon les termes de ses papiers officiels ; il sait trop bien que ces syllabes n'expriment pas complètement sa personne. Sans se tracasser de pareils scrupules,

les autorités compétentes ne tardent pas à le jeter en prison, d'autant que, quand on lui a demandé s'il était coupable du meurtre de Mme Smith, sa voisine de palier, il a trouvé excessif de dire un oui ou un non sans réserve (il se souvient des fois où il ne l'a pas regardée et secourue avec tout l'amour dont il était capable).
Les philosophes le qualifieront sans doute de sceptique. C'est en vérité un émerveillé du langage. Il est ébloui par l'absolu que promet chaque parole. Quand le soleil brille ou que les raviolis ont été bien cuisinés, il est porté à déclarer: « Il fait beau » ou « Ces raviolis sont excellents », mais une pudeur le retient. Le soleil brille aussi sur un malheur là-bas, il ne fait donc pas tout à fait beau. Et ces carrés de pâte farcis aux épinards n'accomplissent pas toute l'excellence de la vertu (il ne sait même pas si les épinards furent cultivés de manière « équitable »), ils ne sont donc pas tout à fait excellents.
Un jour, il se met à éprouver pour une jeune femme de ces sentiments qui vous font encore mieux perdre vos moyens. Comment pourrait-il lui dire: « Je t'aime »? C'est son plus profond désir et ce serait en même temps le sommet du mensonge. Il n'a du reste même pas osé lui dire: « Bonjour », parce que, pour que ce mot soit vrai, il faudrait que le jour soit absolument bon, que la bonté se répande enfin partout dans le monde… Il n'est pas chrétien, mais un jour, un de ces jours pas

absolument bons, par hasard, par ennui, il entre dans une église, il arrive vers la fin d'une messe, et il entend cette prière que les fidèles prononcent en se frappant la poitrine juste avant de communier : « Seigneur, je ne suis pas digne de te recevoir, mais dis seulement une parole, et je serai guéri. » C'est ce qu'il pressentait depuis toujours. Il suffirait qu'un seul mot, qu'une seule parole soit dite, mais dite en vérité, pour qu'une immense guérison s'étende sur toutes les âmes.

Si surnaturel et si quotidien

Comment dire bonjour ? Le mal a été fait. Impossible de faire qu'il n'ait pas eu lieu. Il peut dès lors peser de tout son poids – celui du remords chez l'offenseur, celui de la rancune chez l'offensé – si bien que le jour se charge d'une fumée noire et suffocante. Comment convertir l'irréversible ? Comment faire pour que ce qui est poids de mort se change en élan de vie ? Il faudrait une intervention surnaturelle : Dieu seul est capable de remettre en toute justice les compteurs à zéro, ou, pour le dire un peu mieux, de *renverser les balances des changeurs* (Jn 2, 15). Or cette intervention surnaturelle est exigée par la vie la plus ordinaire : chacun ne peut vraiment se lever le matin comme dans un nouveau *jour* que s'il transcende tous les griefs amassés, toute l'amertume accumulée, toutes les haines thésaurisées non seulement contre les autres mais surtout contre soi. Sans pardon, il y a un futur, mais il n'est plus d'avenir : on achète, on ne rachète plus, le cancer développe ses métastases, la machine exécute son programme sans rencontre ni rémission.

Pour dire vraiment « bonjour », il ne faut donc rien de moins que le *Salut* (mot qui rassemble en lui le plus familier et le plus surnaturel). Il faut ce second souffle plus originel que le premier. Il faut cet Esprit qui fait l'union dans la différence et dans le différend. Il faut sa puissance de pardon plus forte que la fatalité et même plus forte que la fatigue.

Le Ressuscité dit *Chalom* et souffle sur ses Apôtres. La référence est claire à la création de l'homme, quand l'Éternel insuffle *une haleine de vie dans les narines d'Adam* (Gn 2, 7). C'est qu'il y va ici d'une création nouvelle. Et que cette création nouvelle soit liée au pouvoir de remettre les péchés la rend aussi simple et surprenante que l'avenir. Pouvoir qui rassure, certainement, mais qui n'en est que plus terrible.

Car ce pouvoir avertit que l'on va pécher encore. D'un côté, rien n'est jamais perdu, tout peut être remis ; de l'autre, rien n'est jamais acquis, on peut être récidiviste et même refuser le pardon – ce qui est pire que la récidive, puisque c'est vouloir que son péché soit *retenu* (Jn 20, 23). La vie dans l'Esprit nous fait espérer contre toute espérance mais aussi veiller contre toute sécurité. Elle ouvre l'avenir mais ne garantit pas le futur. Et si c'est une vie divine, c'est aussi une vie simplement humaine, où « bonjour » n'est pas un vain mot.

Plus il y a de vérité, plus il y a besoin de pardon

Une certaine expérience de la famille m'a fait comprendre que le pardon était moins nécessaire pour se réconcilier avec des ennemis que pour vivre avec des proches. D'abord, la grande réconciliation avec le grand ennemi flatte notre ego. La superbe qu'on en retire peut nous y pousser, plus que la miséricorde. Alors qu'avec une réconciliation dans le cercle des siens, il n'y a rien dont on puisse se vanter, c'est de la miséricorde sans aucun apparat, de la chevalerie sans cheval. Être héros exige moins d'héroïcité que d'être mari ou père. Le héros est porté par la grandeur d'affronter un géant furieux ; le père connaît l'humiliation d'être désarmé devant les fureurs de sa fille. Et quand le héros réussit à fumer avec le géant le calumet de la paix, il fait la une du journal ; mais quelle notoriété pourrait acquérir le père du fait que sa fille lui parle enfin gentiment au petit-déjeuner ?

Ensuite, il n'y a que ceux qu'on aime pour approcher du crime parfait. Ils n'ont pas besoin d'avoir de ruse ni de malignité spéciales. Seulement ils habitent avec nous, dans notre abri, sous l'armure même, au défaut de toutes nos cuirasses. Et les voici qui attaquent juste au moment où l'on allait dormir, ou alors qu'on n'est même pas réveillé. Ce n'est pas qu'ils étaient à l'affût, c'est que la promiscuité nous fait négliger les apparences que l'on soigne en société. Dans le hall d'entrée, la cuisine, la salle de bain, celui qui a lâché les freins croise celui qui a baissé sa garde. On s'engueule en famille plus dru et avec moins de scrupules qu'entre adversaires politiques. Et, comme l'amour qu'on se porte nous rend vulnérables en profondeur, les coups peuvent transpercer directement le cœur sans toucher la chair, sans même y faire la moindre égratignure.

Enfin, si on est chrétien, ce ne peut être que plus rude encore. Avec des barbares, on se fait une raison. Avec des inconnus, on fait attention. Avec des « frères » (et la question de Pierre à Jésus est bien : *Seigneur, lorsque mon frère commettra des fautes contre moi, combien de fois dois-je lui pardonner ?* – Mt 18, 21), on se dit les choses en face, on se reproche de ne pas être saint et l'on risque de se décourager de le devenir.

Plus il y a de vérité, moins il y a de bien-être ; et il devient nécessaire de se pardonner soixante-dix-sept fois sept fois plus. Le Christ prévient que sous sa lumière les relations familiales seront vouées à des accrocs dont les préservait la pénombre : *Je ne suis pas venu apporter la*

paix, mais le glaive. Car je suis venu opposer l'homme à son père, la fille à sa mère et la bru à sa belle-mère: on aura pour ennemis les gens de sa propre maison (Mt 10, 34-36). Comment continuer au sein de ces frictions quotidiennes sans se pardonner toujours davantage?
Ai-je un geste affectueux à son égard, ma chère et tendre épouse ne peut s'empêcher de «vider son sac», comme elle dit: pour se rendre entièrement disponible à mon affection, il lui faut se soulager sur moi de toutes les récriminations qui pèsent sur son âme. Procédé légitime, et qui dénote une grande confiance. Il s'agit pour elle d'accueillir mon bouquet de fleurs en déversant sur ma tête tout un tombereau d'ordures – mes propres ordures, j'en conviens – et pour moi de continuer à tendre ces fleurs bien qu'elles ne soient plus très fraîches et que l'envie de les offrir me soit complètement passée. À ce moment-là, le rêve me prend soudain d'être hélé par une charmante inconnue qui me demanderait de la tirer des griffes de bandits cruels quoiqu'impressionnables. Je dois pourtant me l'avouer, l'esprit le plus chevaleresque n'est pas dans ce poncif du sauveteur étincelant. Il est dans la suite de l'histoire, et sur quoi les contes sont très évasifs – tout ce temps après que le prince a épousé la princesse, qu'ils ont eu beaucoup d'enfants, et que la charmante inconnue se met à ressembler au bandit cruel…

En somme, la femme de ma vie doit devenir la femme de ma mort avant de pouvoir être la femme de ma résurrection. Il me faut donc pardonner à cette femme qui me tourmente en me demandant de lui demander pardon. Que nous ne communiquions plus seulement par nos façades mais aussi par nos caves, nos fosses, nos oubliettes. L'occasion paraîtra petite. C'est toutefois la fidélité dans ces petites épreuves qui nous permet de résister aux grandes.

VIII
AVANCE TA MAIN DANS MON CÔTÉ

Or Thomas, l'un des Douze, appelé Didyme, n'était pas avec eux, lorsque vint Jésus. Les autres disciples lui dirent donc: « Nous avons vu le Seigneur! » Mais il leur dit: « Si je ne vois pas dans ses mains la marque des clous, si je ne mets pas mon doigt dans la marque des clous, et si je ne mets pas ma main dans son côté, je ne croirai pas. » Huit jours après, ses disciples étaient de nouveau à l'intérieur et Thomas avec eux. Jésus vient, les portes étant closes, et il se tint au milieu et dit: « Paix à vous. » Puis il dit à Thomas: « Porte ton doigt ici: voici mes mains; avance ta main et mets-la dans mon côté; et ne sois plus incrédule, mais croyant. » Thomas lui répondit: « Mon Seigneur et mon Dieu! » Jésus lui dit: « Parce que tu me vois, tu crois. Heureux ceux qui n'ont pas vu et qui ont cru. »

Jean 20, 24-29

Dans l'épisode précédent, Jésus souffle non pas sur les douze Apôtres, mais sur les dix, parce que Judas s'est pendu et que Thomas est absent. Dix, c'est le nombre de justes négocié par Abraham pour révoquer la destruction de Sodome (cf. Gn 18, 32). C'est aussi le nombre de serviteurs qu'enrôle Gédéon pour renverser l'autel de Baal (cf. Jg 6, 27). Ce sont enfin les commandements des deux tables et les doigts des deux mains. Et néanmoins, malgré la transparence du symbole et les chaleureux encouragements qu'il apporte au système décimal, il faudra revenir à douze. Le quorum n'est pas négociable. Luc rapporte ainsi le remplacement de Judas par Matthias, avant que la Pentecôte puisse avoir lieu (Ac 1, 15-26). Et Jean raconte le retour de Thomas, juste après qu'a eu lieu le don de l'Esprit. Dans son Apocalypse, la Jérusalem céleste sera fondée non sur un seul, ni sur dix, ni sur onze, mais sur ces Douze qui renvoient aux douze tribus descendant des douze fils de Jacob. Gage que l'Église s'inscrit dans la continuité d'Israël, et qu'elle n'est une que dans le multiple. Elle n'est pas une maison du peuple, ni une incubatrice de clones, mais un improbable ramassis des gens les plus hétéroclites, marqués par les plus invraisemblables histoires.

« Je suis comme saint Thomas... »

Ainsi Thomas manque à l'appel de la première apparition au cénacle. Il a tout raté. Il n'a pas reçu le Saint-Esprit (ce qui est somme toute encore plus embêtant que de passer à côté de sa propre existence ou d'épouser un poteau à la place de sa promise). Et qui pis est, ou à cause de cela, il ne veut pas croire ce que lui racontent des collègues dont le nombre pourtant dépasse de beaucoup celui que la loi requiert pour un témoignage valide.

Cela suffirait à le classer parmi les plus malchanceux et les plus butés. Mais il veut de surcroît remporter la palme de l'arrogance. Il pose en effet une condition si extrême que même les plus arrogants ne la retiendront pas quand ils brandiront le stupide dicton : « Je suis comme saint Thomas, je ne crois que ce que je vois. » Car, s'ils étaient vraiment comme Thomas, ils devraient avoir la monstrueuse audace de déclarer : « Je ne crois que ce dans quoi je mets le doigt... » Ce qui, pour croire à l'existence d'une porte, risquerait de leur faire assez mal, et, pour croire à la présence de leur patron, les mettrait dans une situation assez tendue pour leur valoir un renvoi définitif et immédiat.

Et ce n'est pas n'importe où que Thomas veut enfoncer son doigt ou même fourrer sa patte tout entière. C'est dans les trous faits par les clous, dans l'entaille faite par la lance… Avec la palme de l'arrogance, pas de doute, c'est la couronne du morbide qu'il veut gagner. Là le dicton devient proprement insoutenable, puisqu'en toute rigueur il doit désormais se formuler : « Moi, vous savez, je suis comme saint Thomas, je ne crois que ce dont je fouille la blessure. »

Une tête brûlée

Mais d'abord pourquoi cette absence de celui qu'on appelle *Didyme* (c'est-à-dire « Jumeau ») ? Sécher de la sorte ne fait pas seulement de lui un mauvais élève. Cela l'associe au traître suicidé : il apparaît fatalement comme un frère, un double de Judas. On sait pourquoi celui-ci n'est pas là. Parce qu'il s'est tué. Mais pourquoi Thomas n'est-il pas là ? Ne serait-ce pas parce qu'il veut justement être tué ?

Pour s'en assurer, il suffit de revenir en arrière, vers ses deux autres interventions dans l'Évangile selon saint Jean. La première, c'est lorsque le Christ décide d'aller vers Jérusalem pour rejoindre son défunt ami Lazare. Là-bas, Jésus est clairement menacé de mort, lui et aussi ses disciples, de par leur évidente complicité. Partant, ses compagnons freinent des quatre fers : pourquoi s'exposer ainsi pour un cadavre ? Et même si c'est pour le ressusciter, on ne déshabille pas Pierre pour habiller Paul – ou si vous préférez : on ne ressuscite pas Lazare pour être assassiné soi-même… Mais voici qu'au milieu du regimbement général, Thomas s'écrie : *Allons aussi, afin de mourir avec lui !* (Jn 11, 16). Notre Apôtre est donc un fonceur et une tête-brûlée. Il est dans les *starting-blocks*, en *pole position* pour suivre Jésus n'importe où et même nulle part.

Sa grande question lors de la Cène vient corroborer cette hypothèse : *Seigneur,* demande-t-il, *nous ne savons pas où tu vas, comment pourrions-nous savoir le chemin ?* À quoi Jésus lui répond : *Moi, je suis le Chemin, la Vérité et la Vie* (Jn 14, 5-6). Premier destinataire de cette parole, on peut imaginer son désespoir après le Golgotha : la Vie est morte, la Vérité s'est tue, le Chemin s'est égaré parmi les ombres. Allons-y donc une fois de plus pour le suivre ! Emboîtons le pas de celui qui est désormais l'Impasse, le Mutisme et la Mort !

Aussi, tandis que les dix Galiléens se barricadent derrière des *portes closes, par peur des Judéens,* lui se promène dehors, la gorge bien en évidence, la poitrine bien en cible. Il n'a pas peur, lui : le crucifiement est le dernier mot du Verbe, écoutons-le. Il supplie les centurions, les scribes, tous les docteurs de la Loi qu'il peut croiser, il va peut-être même chez Hérode puis chez les grands prêtres puis chez Pilate pour qu'ils lui accordent cette faveur : « Ne pourriez-vous pas, s'il vous plaît, m'enfoncer des clous dans les mains et les pieds ?

Je suis un disciple de celui que vous venez de mettre à mort comme usurpateur et blasphémateur, alors soyez gentils, faites-moi cette charité d'un gibet comme le sien au sommet du Calvaire… Je pourrais même me contenter d'une petite décapitation, vous savez… Ou d'un coup de lance ici, qui pourrait me crever jusqu'au cœur… J'irais même jusqu'à rabattre mon ambition et me laisser pendre avec un bout de ficelle à cet arbre juste devant nous, bien que cela puisse me causer du tort et m'apparenter moins au fidèle qu'au renégat… Une lapidation alors ? Est-ce qu'une bonne petite lapidation collective n'aurait pas le double bénéfice de me satisfaire et de vous offrir un défoulement viril qui pourrait vous souder davantage ? »
Mais la méchanceté des hommes est sans bornes. Cruels, impitoyables, ceux qu'il espère convertir en bourreaux lui répliquent aimablement : « Calme-toi, mon ami. Ton chagrin va passer. Aie confiance en toi ! Reprends goût à la vie ! Vois les choses du bon côté ! Tu dois simplement "faire un travail de deuil". Tu dois admettre que tu as été trompé. Nous avons ouvert pour toi une cellule de crise psychologique. Cela s'appelle le syndrome de Stockholm… ou de Diogène… à moins que ce ne soit le syndrome de Münchhausen… ou peut-être de Peter Pan… »

Des plaies éternelles

En pareilles circonstances, quand ses camarades disciples lui disent qu'ils ont *vu le Seigneur*, c'est le bouquet ! Lui qui ne demande pas mieux que de mourir comme son Maître, on lui dénie une seconde fois cet honneur. Les bourreaux ont poussé l'inhumanité jusqu'à chercher à lui remonter le moral, et maintenant les Apôtres lui apprennent ce qui ne pouvait pas plus dérouter son projet : son Maître est vivant. Pour le suivre, il ne s'agit plus seulement d'être tué, il faut encore être ressuscité – ce que même le bourreau le plus compétent et compatissant ne saurait vous offrir. On peut comprendre le désarroi de Thomas. S'il est incrédule, c'est parce qu'il croit à une croix sans gloire.

Mais son incrédulité possède encore une autre face, qui est la fidélité même, et qui correspond au refus d'une gloire sans croix. Thomas a connu le fond du désespoir : il a vu la Voie déboucher sur le vide, la Vie être absorbée par la tombe, la Vérité, par le mensonge, et tout cela ne serait qu'une farce ? Jésus dans le cercueil ne serait qu'un *jack-in-the-box* ? L'injustice meurtrière n'aurait été qu'un mirage ? Non, il faut que tout cela ait été bien réel. Le coup de lance ne peut être effacé d'un coup d'éponge. Sa victime ne peut être réduite à un héros de comédie musicale qui chante au milieu des souffrances *« Baby, baby, pourquoi m'as-tu abandonné ? »* et se retrouve à la fin avec dans ses bras la *Baby* en question en fredonnant comme si de rien n'était « *What a wonderful world* »... S'il en était ainsi, où serait notre responsabilité ? Quelle serait la consistance de l'histoire ? Le *happy end* ne doit pas faire comme s'il n'y avait pas de tragédie. L'aurore, si belle soit-elle, ne saurait oublier l'horreur qui l'a précédée – et qui va peut-être encore la suivre. L'oublierait-elle qu'elle ne se lèverait pas à l'horizon : elle nous tomberait dessus comme une lumière artificielle braquée depuis un vaisseau extraterrestre.

Thomas sent que la gloire, pour être vraie, ne peut aller qu'à l'inverse du simple miracle. Dans le simple miracle, les plaies disparaissent. Dans la gloire, il faut qu'elles restent béantes. Si elles n'étaient plus là, bien visibles, bien profondes, la gloire ne serait plus qu'un trompe-l'œil, un cache-misère, un divertissement. Et, en même temps, avec ces trous qui rendent à jamais visibles nos fautes, comment serait-ce encore la gloire ? Nous devrions en crever de remords avant de bondir d'allégresse. Nous devrions nous en flageller plutôt que nous en flatter. Comment donc la vérité de la gloire peut-elle être compatible avec la vérité non moindre de la croix ? Thomas n'en sait rien. Mais là où Jean-Sébastien Bach chante *Jésus, que ma joie demeure,* il vocifère plus fort : « Jésus, que tes plaies demeurent, et que j'en meure de honte. »

Si l'on niait un seul fait de ce monde

Les choses sont si bien tissées les unes avec les autres que si l'on essaie d'enlever un seul petit fil cela détricote tout le pull-over. Nier un seul fait de ce monde, c'est finir par nier le monde tout entier. Ce déni est néanmoins une pratique assez courante. Il s'agit même d'une des occupations favorites de l'humanité. Sherlock Holmes peut admirer le vol de l'Orient-Express avec sa locomotive et ses dix-huit wagons. Mais n'importe qui vous escamote l'univers comme ça, d'un clignement de paupière.

Sitôt le travail fini, vite, on se met en position du lotus, régule sa respiration, louche vers un point entre ses deux yeux et parvient à un tel état de tranquillité intérieure que non, décidément, il est impossible que la venimeuse tante Agathe qui nous a fait tant de misères soit quelqu'un de réel ! Ou bien l'on s'attelle à des travaux scientifiques parce qu'on n'arrive plus à se regarder dans la glace ; on cherche la structure cachée du réel, descend vers le nanomètre, à une échelle où le vivant ne se distingue plus du non-vivant, où les partis s'émiettent en particules, où les iniquités s'effacent devant les équations…

Thomas refuse ces échappatoires. Il est si rabat-joie que même l'enjouement naïf d'un déjeuner sur l'herbe lui apparaîtrait d'un criminel aveuglement. Il s'étonnerait que vous puissiez déglutir avec tant d'insolence, il vous évoquerait aussitôt les enfants qui sont en train de mourir de faim à cette heure, à l'autre bout du monde, et vous vous trouveriez si coupable que vous chercheriez comment leur envoyer par Chronopost vos restes de chips et de saucisson. Il veut qu'à la fête champêtre le Ressuscité s'attable avec ses plaies, et qu'on n'ait pas peur d'y ficher les doigts comme on se les enfoncerait au fond de la gorge, et que l'on voie si la joie est assez forte pour supporter l'envie de vomir.

Celui qui a douté de bonne foi

Et il va être servi. Jésus paraît à nouveau, dit *Paix à vous,* c'est-à-dire « Bonjour », lui présente ses blessures bien ouvertes et lui ordonne d'y aller franco, sans pruderie aucune : *Porte ton doigt ici et vois mes mains ; et porte ta main et place-la dans mon côté ; et ne sois plus incrédule, mais croyant* (Jn 20, 27).

Cet exaucement déconcerte l'Apôtre au point de le retourner comme une crêpe. Lui qui s'adonne au doute le plus radical fait soudain une profession de foi telle qu'on n'en trouve pas de plus haute dans les quatre Évangiles. D'autres avaient bien appelé Jésus « Messie » ou « Fils de Dieu » ; lui l'appelle carrément « mon Dieu ». N'est-ce pas faire preuve d'exagération après avoir fait montre de tant de réticence ?

Ce qu'il confesse, à l'évidence, témoigne que ce qu'il croit ne coïncide pas avec ce qu'il voit. Car ce qu'il voit, c'est un homme ressuscité, une créature, donc, si radieuse qu'elle soit ; et ce qu'il croit soudain, c'est que cette créature est aussi son Créateur. Non, vraiment, il abuse. Après nous avoir agacés dans un sens, il nous exaspère dans l'autre. Après avoir opposé la croix à la gloire, il reconnaît le Tout-Puissant dans le Crucifié. Tout à l'heure il vous avait coupé l'appétit en vous parlant des enfants qui mouraient de faim, maintenant il vous coupe l'écœurement en trouvant Dieu sous une plaie. Franchement, je ne vois pas qui voudrait l'avoir pour convive aussi bien à un repas de noces qu'à un goûter d'enterrement. Déjà qu'il était très pénible en trouble-fête, il est complètement insupportable en bienheureux intempestif.

On sait la réponse de son Seigneur : *Parce que tu m'as vu tu as cru, heureux ceux qui ont cru sans avoir vu.* Cette dernière affirmation pourrait bien se référer à l'évangéliste qui rapporte ces mots : il est celui qui a cru sans voir, ou en n'ayant vu que le linge roulé et le linceul aplati. Jean cherche-t-il à se mettre en valeur ? Et si c'était le contraire ? Si cette parole voulait dire qu'il est plus facile de croire sans voir – sans voir ce que Thomas a vu, sans toucher ce qu'il a touché ?

Que l'ami que vous avez trahi revienne en vous mettant bien sous le nez cette blessure que vous lui avez faite en le poignardant le soir de son anniversaire, qu'il vous invite en outre à y plonger le bras sans façons jusqu'à son cœur transpercé, et qu'il vous dise avoir souffert tout ça pour vous, on peut parier que, même doué du plus grand flegme, vous sentiriez bientôt dans vos jambes l'irrésistible démangeaison de partir en courant. Thomas reste. Et l'on s'aperçoit que ce mauvais Apôtre ressemble au bon larron. Il a raté l'Esprit Saint, sombré dans le désespoir, fait des pieds et des mains pour qu'on les lui fixe à la potence, et pourtant le voici d'un coup plus assuré que les autres, au point que selon la tradition, de tous les premiers envoyés, il est celui qui ira le plus loin (partant donc en courant, pas pour fuir, pour foncer droit vers le Christ là-bas) – en Perse, peut-être en Chine, en tout cas jusqu'en Inde du Sud où il fonde sept églises entre le Kerala et le Sri Lanka, avant de connaître enfin le bonheur d'être égorgé par un « grand prêtre », près de Mylapore, pour avoir fait fondre une idole de dur métal par le seul souffle de sa prière.

Qu'est-ce que cela nous enseigne ? Qu'il ne faut pas aller vers la Vérité en jouant un personnage de fidèle. Qu'il ne faut pas faire semblant d'adhérer à la foi des Dix. Le problème n'est pas le doute mais la demi-mesure. Si vous doutez, doutez à fond, et que votre doute soit de bonne foi (il serait en effet malheureux de douter et de *s'y croire*). Arguez que l'existence du Royaume vous semble incompatible avec celle de tante Agathe ; objectez surtout son incompatibilité avec votre propre abjection quand vous reprenez deux boules de *Chocolate Macadamia* chez Ben & Jerry's, alors qu'on vient de vous parler des enfants qui meurent de faim. Mais soyez cartésien, allez plus loin encore et posez la question suivante : qu'est-ce qui rend un tel doute possible ? Pourquoi n'avons-nous pas la placidité sans question des ruminants ? Pourquoi sommes-nous ainsi scandalisés par le mal ? Et comment faire pour que ce scandale ne nous en rende pas complices ? Eh bien, confessons-le : si nous doutons (et ne doutons pas de notre doute), c'est parce que notre cœur malgré nous et malgré tout réclame la Vérité : nous n'aurions pas en nous cette soif de la Vérité que la piquette de nos petites opinions suffirait à nous satisfaire. Et si la croix nous paraît absurde au point de nous pousser à renier la joie, c'est parce que nous espérons une joie plus large encore, capable d'assumer et de transfigurer toutes les plaies de l'histoire.

IX
RETOUR À LA PÊCHE

Jésus se manifesta de nouveau aux disciples près de la mer de Tibériade. Il se manifesta ainsi : Simon-Pierre, Thomas appelé Didyme, Nathanaël, de Cana en Galilée, les fils de Zébédée et deux autres de ses disciples se trouvaient ensemble. Simon-Pierre leur dit : « Je vais pêcher. » Ils lui dirent : « Nous venons nous aussi avec toi. » Ils sortirent, montèrent dans la barque et, cette nuit-là, ils ne prirent rien. L'aurore étant déjà venue, Jésus se tint sur le rivage ; pourtant les disciples ne savaient pas que c'était Jésus. Jésus leur dit : « Enfants, est-ce que vous n'avez pas quelque nourriture ? » Ils lui répondirent : « Non. » Il leur dit : « Jetez le filet du côté droit de la barque et vous trouverez. » Ils le jetèrent donc et ils n'avaient plus la force de le tirer, à cause de la pléthore des poissons. Le disciple que Jésus aimait dit alors à Pierre : « C'est le Seigneur ! » Ayant entendu : « C'est le Seigneur ! » Simon-Pierre ceignit son vêtement – car il était nu – et il se jeta dans la mer. Les autres disciples vinrent avec la barquette, car ils n'étaient pas loin de la terre, mais à environ deux cents coudées, traînant le filet de poissons.

Jean 21, 1-8

Tout paraît brusquement aussi agréable qu'une douche froide et aussi efficace qu'un coup d'épée dans l'eau. Le Ressuscité est apparu aux disciples, il les a envoyés comme il fut envoyé lui-même, et, au lieu de voler aussi sec annoncer la Bonne Nouvelle aux quatre coins du monde, c'est comme si rien ne s'était passé, que tout n'eût été qu'un rêve : retour à la case départ !

Si l'on raccorde l'Évangile de Jean à celui de Luc (5, 1-11), la boucle est encore plus frappante. Chez Luc, sur le même lac, il y a cette pêche miraculeuse qui précède l'appel des premiers disciples et donc le tout début de leur aventure. Ils y *laissaient tout* pour suivre le Christ. Et voici maintenant qu'ils reprennent tout !

La comparaison entre les deux pêches, celle d'avant la Passion et celle d'après la Résurrection, semble au demeurant marquer une régression plus qu'un progrès. Dans la première, Jésus était dans la barque ; dans la seconde, il se tient sur la rive. Pour cette raison, jadis, il pouvait avoir cette parole exaltante : *Avance au large* ; à présent, parce qu'il est à portée de voix, on reste près de la côte, à *deux cents coudées environ,* ce qui ne fait qu'une centaine de mètres. Là, les filets étaient si pleins à craquer qu'il fallait deux barques qui enfonçaient pour les ramener à terre ; ici, l'unique filet est toujours rempli, mais une seule barque suffit à l'emporter, et même une *barque* qui à la fin du texte grec n'est plus qu'une *barquette*...

Afin de s'éviter cette impression d'abrutissement et de rétrogradation, on isole la scène pour la soumettre à une lecture symbolique : le vain effort dans la nuit et l'aurore qui survient, c'est la mort et la résurrection ; le côté droit où l'on jette le filet, le côté transpercé du Christ d'où jaillissent l'Église et ses sacrements ; les cent cinquante-trois gros poissons pêchés, le nombre des peuples connus à l'époque, et donc la catholicité ; Pierre tout nu qui s'habille pour se jeter à l'eau, Adam racheté qui reçoit le baptême, etc. Toutes pépites dignes d'être sculptées aux chapiteaux d'une basilique romane, mais qui ne parviennent pas à répondre à la bête question qui se pose dès que l'épisode est remis dans la suite des événements et qu'il n'a pas du tout l'air de coller avec eux, sauf à rappeler la fable de la montagne qui accouche d'une souris : la rencontre du Dieu vivant qui devait vous rendre semblable aux anges finalement vous reconduit à l'état de poissonnier.

J'ai pourtant ma petite idée là-dessus, et, pour en avoir la confirmation, j'ai demandé à des exégètes historico-critiques s'ils ne pensaient pas que ce texte avait été écrit et rajouté plus tard – c'est-à-dire, selon mes estimations, aux alentours de l'an 2000, après que la révolution numérique a investi toute la société. Le cas échéant, son sens serait limpide : rappeler, à l'heure du *Network*, ce qu'est vraiment le travail au filet.

Et le Verbe s'est fait charpentier

Le Ressuscité leur avait dit près de deux semaines en arrière : *Comme le Père m'a envoyé, moi aussi je vous envoie* (Jn 20, 21). Or comment le Père l'a-t-il envoyé ? En brandissant directement depuis le ciel des faisceaux de foudre ? En le faisant prononcer des sermons dès le sein de sa mère ? Non, mais en le faisant charpentier. C'est pour cette raison que toute bonne famille chrétienne doit avoir l'ambition d'avoir un fils dans la charpente, et s'il ne peut pas atteindre cette position divine (les places sont rares et chères), qu'il devienne au moins berger, ou vigneron, ou pêcheur, ou à la rigueur fabricant de tentes comme saint Paul… Je n'ignore pas, bien sûr, que certains parents poussent leurs enfants vers de grandes écoles de commerce ou d'ingénieur, mais c'est sans doute par humilité, parce qu'il est nécessaire que certains renoncent à avoir un vrai métier pour faire le sale boulot et évangéliser les bas-fonds de Wall Street ou du M.I.T.

Jadis on ne s'arrêtait pas trop à ce fait pourtant notable : le Verbe n'a pas pris chair pour être d'abord prêtre ou prédicateur, mais pour travailler de ses mains ; et pas pour travailler n'importe quel matériau, mais le matériau par excellence, le bois, qui vient de la vie et nous appelle à en prolonger les feuillaisons ; et pour faire avec ce bois non pas des sculptures ni des allumettes, mais des maisons – peut-être aussi des barques – disons des arches de toutes sortes. À présent, ce fait nous paraît considérable, parce que nous ne savons plus faire grand-chose de nos dix doigts. Voilà la grande catastrophe morale de notre époque. Gaston Bachelard suggérait que l'égarement de Jean-Paul Sartre n'était pas d'abord dans ses idées mais dans ses bras : « Il y aurait sans doute quelque humanité à mettre Roquentin, le héros de *La Nausée,* devant une bonne bille de bois à dégrossir à la râpe, elle suffirait à lui apprendre gaiement que le chêne ne pourrit pas, que le bois rend dynamisme pour dynamisme, bref, que la santé de notre esprit est dans nos mains. »

Avec le développement du virtuel, nous avons tendance à croire que tout peut se réduire à des éléments – Bits, Atomes, Neurones, Gènes... BANG ! – explosant les formes naturelles pour qu'elles semblent modifiables selon l'humeur du moment... Grâce à cet étourdissant dispositif, celui qui ne sait pas changer une roue de bicyclette et qui ne lèverait pas l'auriculaire pour porter les commissions de sa vieille voisine se croit capable de plier l'univers d'un seul petit mouvement de son index (et se justifie en disant que la vieille dame qui a du mal à marcher n'avait qu'à surfer pour qu'on lui livre ses marchandises à domicile). Il joue à *Civilization VI.* Et il perd de vue – ou de toucher – la consistance du réel. Il devient crédule au point de se figurer que Google est plus important pour vivre qu'un champ de navets (j'aime beaucoup les navets, ce qui n'exclut pas, bien évidemment, l'éloge du petit pois, ni l'apologie du pré où broutent les chèvres, ni non plus, *a fortiori,* le panégyrique de la mer poissonneuse).

Partant de ce constat, l'actualité de notre Évangile saute aux yeux. Il paraît avoir été écrit hier, ou demain, quoi qu'en disent les spécialistes. Car, du temps des Apôtres, cette perte de la présence au monde était plus rare : il y avait la vallée du Jourdain, pas encore la *Silicon Valley.* Aujourd'hui, la bêche, la pêche, la houlette ou le rabot semblent plus que jamais une condition nécessaire à l'apostolat. Le sens de l'Incarnation implique le sens de la chair, l'ouverture au surnaturel n'étant pas une dénaturation, mais une remontée aux sources de la nature. Celui qui n'a pas éprouvé l'ordre des choses avec ses mains ne peut prêcher l'ordonnateur de ces choses que du bout des lèvres. Il n'est pas assez réaliste pour porter le témoignage de la résurrection.

L'homme médiatique et l'homme médiéval

On dénonce volontiers l'obscurantisme du Moyen Âge, mais c'est pour se consoler du faux jour de notre âge médiatique. L'homme médiéval était beaucoup plus positif que le citoyen multimédia. Il construisait sa maison, cousait ses vêtements, travaillait le sol, y enterrait un certain nombre de ses enfants, croisait fréquemment des lépreux, dansait avec tout le village autour du grand feu de la Saint-Jean, se découvrait devant une statue de la Vierge, tuait le cochon, s'armait d'une faux ou d'une pique pour recevoir le collecteur d'impôts. Un rude gaillard, à qui on n'en conte pas.

Il avait peut-être tort de croire que la terre était plate, mais il n'en était que plus proche, la défrichant, la binant, l'ameublissant, l'ensemençant, tandis que notre vision d'une planète ronde et bleue adopte le point de vue imaginaire d'un astronaute flottant au milieu de nulle part pour qui le blé ne pousse ni ne mûrit mais apparaît directement en tranches extra-moelleuses sous emballage plastique. Et il était peut-être dans l'erreur de penser que le soleil tournait autour de cette galette terrestre, mais il en faisait la mesure vive de ses heures, plus longues en été, plus courtes en hiver, et il savait aussi les bienfaits de la pluie, tandis que pour nous autres, touristes, la pluie n'est que le mauvais temps, et nos heures, ramenées à des horaires, se chiffrent sur le chronomètre de Taylor.

Alors, forcément, l'événement d'un Ressuscité paraît difficile à avaler pour un habitué des avatars, des profils, des objets 3D qui ne sont ni nés ni morts ni vivants. Mais pour un gars positif et manuel d'autrefois, un paysan, un meunier, un mégissier, c'était de l'invraisemblable, sans doute, et cependant à peine entendait-il: *Amen, amen, je vous le dis: si le grain de blé tombé en terre ne meurt pas, il reste seul; mais s'il meurt, il porte beaucoup de fruit* (Jn 12, 24), ça devenait simple, c'était aussi vrai qu'avril, le renouveau de la verdure, l'or des moissons...

Le Père vigneron

La leçon va au-delà de celle que nous avons déjà reçue à propos des repas du Ressuscité (on vit de bonne soupe – de poisson – et non seulement de beau langage). Elle propose de reconnaître cette vérité plus subtile: une technique proche de la création dispose bien mieux à accueillir la rédemption qu'une technologie hypersophistiquée. Pourquoi est-ce que je dis «technique» et non pas «pensée»? Parce que nos mentalités, en dernière instance, sont moins influencées par les concepts que par les gestes, les outils, les modes de production qui nous entourent (qu'on m'excuse ici d'être un peu marxien). Nos manières de voir, avant de dépendre de notre point de vue, dépendent de l'usage de nos mains (comme le mot *manière* le laisse entendre).

On parle souvent du miracle grec, celui de la philosophie comme une préparation à l'accueil de la Bonne Nouvelle. Mais il y a bien avant cela le miracle néolithique. Si je croisais celui qui inventa la houe et fit passer ses frères de la cueillette à l'agriculture, je vous jure que je l'embrasserais avec autant voire plus de chaleur qu'Aristote et Platon réunis. On ne se représente pas assez le bouleversement que ce fut dans l'ordre de l'esprit. La plupart des images dont usent la Bible et le Christ pour dépeindre la vie théologale sont tirées du domaine agricole. Et c'est aussi de là que procèdent nos mots «culte» et «culture» (au point qu'il faut admettre, sans vouloir incommoder personne, que l'encens a plus de rapport au fumier qu'au désodorisant, et qu'un grand poème ressemble davantage à un verger ou à de gras labours qu'à un roman de Marc Lévy).

À l'heure du dernier repas avant sa Passion, Jésus dit à ses disciples: *Je suis la vraie vigne et mon Père est le vigneron* (Jn 15, 1). Lorsqu'il explicite la mission de l'apôtre, saint Paul dit aux Corinthiens: *Moi, j'ai planté, Apollos a arrosé; mais c'est Dieu qui donne la croissance* (1 Co 3, 6). L'agriculture sert d'analogie à l'œuvre divine – plus que l'artisanat, et au contraire de l'ingénierie. Le modèle de l'ingénierie est mécanique; celui de l'agriculture est maïeutique. L'ingénieur impose des formes à une nature appréhendée comme un stock d'énergies et de matériaux; le paysan accompagne le déploiement d'une forme naturelle dont il n'est pas le fabricateur. Le premier peut augmenter la vitesse de production, il est le maître des cadences; le second sait qu'on ne fait pas pousser l'herbe en tirant dessus, il épouse le rythme des espèces et des saisons.

L'ingénierie imprègne-t-elle nos mentalités plus que l'agriculture – ce qui est le cas depuis au moins la seconde moitié du XXe siècle –, notre *manière* de penser la vie spirituelle et apostolique s'en trouve entièrement chamboulée. Dieu n'a plus la patience du vigneron. Il a l'ingérence du mécano. Et ses adeptes vont suivre cet exemple. Tout sera conçu selon notre *push-button society*. On trouvera anormal que le sermon n'ait pas une efficacité immédiate. On exigera une obéissance aussi docile qu'un interrupteur. On demandera pardon, mais on accusera bientôt notre offensé de ne pas avoir aussitôt changé d'attitude à notre égard, comme si le complexe de ses sentiments devait se tourner aussi vite qu'une page *web*.

Le nouvel archi-apôtre sombre bientôt dans le fondamentalisme, non parce qu'il est archaïque, mais parce qu'il est *high-tech*. Il veut qu'à sa harangue on réagisse aussi vite qu'un processeur Intel. Et il oublie que, selon Jésus, la réactivité spirituelle moyenne que le prédicateur est en droit d'espérer de son assistance est largement inférieure à celle d'une tortue ou d'un escargot. C'est plutôt celle d'une plante : la sûre lenteur de la pousse et de l'enracinement. Il l'a dit explicitement : *Là où les grains poussent aussitôt, la couche de terre n'est pas profonde* (Mt 13, 5).

Pêcheurs de pécheurs

Mais alors pourquoi la pêche, ici, et non les travaux des champs ? Pourquoi cet art paléolithique et qui peut rapporter immédiatement des tas de poissons là où l'on n'a pas semé ? C'est qu'il s'agit justement de semailles et non de croissance – d'appel et non d'élévation. Le modèle de l'agriculture concerne plutôt la sanctification ; celui de la pêche, plutôt l'annonce. Le premier intéresse avant tout les auditeurs qui reçoivent la parole ; le second, les disciples qui la proclament. Ceux-ci sont des *pêcheurs d'hommes* (Mt 4, 19). Mais, une fois pêchés, leurs gros poissons deviennent brebis et sarments, et ils doivent se faire bergers et vignerons.

Qu'entraîne ce modèle de la pêche au filet pour l'annonce de la Bonne Nouvelle ? Premièrement, là où le chasseur suit des sentiers ponctués de refuges, le pêcheur quitte la terre ferme pour s'aventurer sur une onde incertaine, mouvante, sans abri ni chemin : la tempête est son lot, et la noyade, sa destinée probable. Deuxièmement, le chasseur peut voir, pister, traquer sa proie et décider du moment où il l'atteint de sa flèche. Le pêcheur agit généralement à l'aveugle. Il lance sa ligne et attend que ça morde. Souvent il peine toute la nuit en vain. Mais, même le jour, sa réussite est confiée à la nuit sous-marine.

Troisièmement, s'il pêche au filet, il n'hameçonne ni ne harponne : ses proies ne sont pas les objets de son choix. Il les attrape par troupes vivantes, sans distinction, même si la largesse des mailles peut laisser généreusement partir celles qui ne sont pas de taille.
C'est donc ici l'art du plus petit contrôle et de la plus grande confiance. Plus que dans l'agriculture encore, on se livre aux hasards de la météo et recueille les fruits d'une fécondité qui n'est pas nôtre – la fécondité de la mer, à la fois menace de mort sans sépulture et obscur berceau de la vie.
Ajoutons que, si on *prend* les armes, par contre, on *lâche* le filet. La prise au filet passe par un lâcher prise. Et c'est pourquoi le preneur y est toujours surpris. Il ramasse vraiment n'importe quoi. Là, dans sa paroisse, sous le pavillon de la bonté et de la beauté, le voici avec des requins, des morues et des thons. Il y a même des crabes, des anguilles, des sardines, des raies, des poissons-chats, des baudroies des abysses, enfin tout ce que peut réserver en étonnement la faune sous-marine… S'il faut de tout pour faire un monde, il faut encore plus pour faire le Royaume.

X
INDIGNITÉ PONTIFICALE

Quand ils eurent déjeuné, Jésus dit à Simon-Pierre: «Simon, fils de Jean, m'aimes-tu plus que ceux-ci?» Il lui répondit: «Oui, Seigneur, tu sais que je suis ton ami.» Jésus lui dit: «Pais mes agneaux.» Il lui dit à nouveau, une deuxième fois: «Simon, fils de Jean, m'aimes-tu?» – «Oui, Seigneur, lui dit-il, tu sais que je suis ton ami.» Jésus lui dit: «Sois le berger de mes brebis.» Il lui dit pour la troisième fois: «Simon, fils de Jean, es-tu mon ami?» Pierre fut peiné de ce qu'il lui eût dit la troisième fois: «Es-tu mon ami?», et il lui dit: «Seigneur, tu sais tout, tu sais bien que je suis ton ami.» Jésus lui dit: «Pais mes brebis. En vérité, en vérité, je te le dis, quand tu étais jeune, tu mettais toi-même ta ceinture, et tu allais où tu voulais; quand tu auras vieilli, tu étendras les mains, et un autre te ceindra et te mènera où tu ne voudrais pas.» Il signifiait, en parlant ainsi, le genre de mort par lequel Pierre devait glorifier Dieu. Ayant dit cela, il lui dit: «Suis-moi.» Se retournant, Pierre aperçoit, marchant à leur suite, le disciple que Jésus aimait, celui-là même qui, durant le repas, s'était penché sur sa poitrine et avait dit: «Seigneur, qui est-ce qui te livre?» Le voyant donc, Pierre dit à Jésus: «Seigneur, et lui?» Jésus lui dit: «Si je veux qu'il demeure jusqu'à ce que je vienne, que t'importe? Toi, suis-moi.»

Jean 21, 15-22

Il y a beaucoup mieux que de gagner au loto, c'est de tomber gravement malade, puis de connaître la convalescence. Je dois cette remarque à un homme qui venait de sortir de la longue paralysie d'un *locked-in syndrom* : « C'est plus extraordinaire que de gagner la super-cagnotte ! » s'écriait-il. Or qu'est-ce qui était selon lui si extraordinaire ? Le plus ordinaire, évidemment : pouvoir étendre la main, caresser le visage de sa fille, se lever de son lit, mettre un pied devant l'autre…

Cette impression n'est pas que l'effet psychologique du soulagement. Elle correspond à une vérité ontologique. Après tout, la super-cagnotte vient de la loterie nationale, alors que notre existence vient de Dieu, ce qui est tout de même beaucoup plus imposant. Nous le suggérions en introduction, le super-héros possède des super-pouvoirs, mais ces super-pouvoirs reposent sur des pouvoirs ordinaires sans lesquels il ne serait rien : respirer, toucher, voir, entendre, goûter… On s'émerveille que Spiderman grimpe sur les murs, mais au principe de notre émerveillement il y a le maçon qui a construit le mur, et sa perception par nos sens. Ces phénomènes constitutifs se sont toutefois si bien effacés sous l'ingratitude et la banalité qu'il faut en être privé pour en mesurer le don.

Voilà qui nous introduit assez bien à ce que l'on pourrait appeler la primauté de Pierre. Pourquoi est-il le premier pape ? Parce qu'il a été rendu apte à juger les choses à leur juste valeur. Et pourquoi y a-t-il été rendu apte ? Parce qu'il a été le plus nul. Il est descendu au fond de son néant, si bien qu'il peut apprécier le moindre brin d'être comme une grâce inouïe.

Triple trouble

Un pontife est un bâtisseur de pont. Or un pont n'est nécessaire que pour passer au-dessus d'un abîme. Le souverain pontife ne peut donc être que celui qui a connu le souverain abîme. Prince de la chute, c'est ainsi que les Évangiles imperturbablement nous présentent Simon-Pierre. On dirait un numéro de clown. Chaque fois qu'il s'exalte au plus haut, le voici qui s'étale au plus bas. Tout commence d'ailleurs pour lui avec un miracle à double tranchant : le Christ lui fait le coup de guérir sa belle-mère (Lc 4, 38-39). On nous informe par là que Pierre aura pour tâche d'avoir le cœur bien accroché. Après cet événement, les montagnes russes ne s'arrêtent plus.

Quand il demande à Jésus de lui ordonner de venir à lui en marchant sur les eaux, il fait quelques pas à la surface puis se met à couler lamentablement (Mt 14, 28-30). Quand il déclare que Jésus est *le Christ, Fils du Dieu vivant,* Jésus lui répond que cette confession ne sort pas tant de sa bouche que de son Père qui est dans les cieux

(Mt 16, 16-17). Quand, à la première annonce de la Passion, il s'écrie en ami prévenant : *Dieu t'en préserve, Seigneur !* Jésus le qualifie de *Satan* (Mt 16, 22-23), terme qu'il n'emploiera même pas pour désigner Judas. Quand il assiste à la Transfiguration et propose de dresser trois tentes pour Jésus, Moïse et Élie, une nuée descend du ciel et ridiculise son joli projet de camping (Mt 17, 4-5). Quand au soir de la Cène il jure sa fidélité inébranlable : *Moi je ne succomberai jamais !* – il a beau s'entendre dire par la Vérité en personne : *Cette nuit même, avant que le coq chante deux fois, tu m'auras renié trois fois,* notre enthousiaste insiste, fier d'avoir enfin accepté l'idée de la Passion : *Dussé-je mourir avec toi, non, je ne te renierai pas* (Mc 14, 27-31). On sait la suite ô combien consternante : il renie effectivement, à trois reprises, et pas devant des soldats menaçants, mais devant une pauvre commère de servante. Il y a dans ce parcours de quoi vouloir se mettre à deux cents pieds sous terre, et l'on se demande où ce pauvre Pierre a trouvé le courage de ne pas se trancher l'artère jugulaire pour s'enlever un peu le rouge tomate qui devait s'être indélébilement fixé sur ses joues.

À vrai dire, on connaît la réponse. Ce qui lui donne courage, ce qui le ressuscite de sa mort de honte et retourne sa nullité confessée en réceptacle de la foi, c'est la prière spéciale de Jésus pour lui : *Simon, Simon, voici que Satan vous a réclamés pour vous cribler comme le froment; mais moi j'ai prié pour toi, afin que ta foi ne défaille pas. Toi donc, quand tu seras revenu, affermis tes frères* (Lc 22, 31-32). Et c'est bien ce qui advient contre tous les pronostics. Celui qui avait échoué à marcher sur l'eau plonge dans le lac. Il se jette lui-même après avoir jeté le filet, puis, selon le mot de saint Augustin, il se livre à « une triple confession qui compense son triple reniement ».

Là encore, cependant, demeure une sorte de trouble. Jésus lui demande deux fois : *M'aimes-tu ?* avec le verbe *agapaô,* qui renvoie à la charité divine. À quoi Pierre obstinément répond avec le verbe *philéo,* qui renvoie à l'amitié humaine. Est-ce qu'il s'égare une fois de plus ? Est-il à ce point bouché que même son final de Pâques est un dernier patatras ?

Je crois plutôt qu'il ne présume plus de ses forces. Désormais il ne prétend pas aimer *plus que ceux-ci.* Il se fie moins à son jugement qu'à celui de son Seigneur (*toi, tu sais que je t'aime*). Surtout il ne revendique pas un amour surnaturel qui le dépasse et auquel néanmoins il aspire (d'où sa peine, la troisième fois, que Jésus rabatte sa question à des proportions plus modestes en lui demandant cette fois s'il l'aime avec le verbe *philéo*).

Cette humilité de Pierre le conduit à un dernier renversement. Le Ressuscité lui dit *Suis-moi,* et le voici qui aussitôt, au lieu de le suivre, se détourne de lui.

Drôle d'obéissance. Stricte obéissance, cependant. Car, s'il se détourne, c'est pour se retourner vers *le disciple que Jésus aimait.* Celui qui se voulait le meilleur ne se soucie plus que de ses frères : *Seigneur, et lui ?* Il reste persuadé d'être moins important, moins digne que les autres. Et c'est précisément cela qui le rend digne d'être le vicaire du Christ.

La joie de se sentir indigne

Quel rapport avec le paralytique dont nous parlions précédemment ? Ma femme affirme que l'enseignement décisif de ce passage est que le Verbe incarné ne craint pas de poser *la* question des jeunes filles sentimentales : « Est-ce que tu m'aimes ? », quoique Pierre ne tende à lui répondre qu'à la manière du mâle mufle que je suis : « Voyons, tu le sais bien, ne te souviens-tu pas ce que je t'ai promis le jour de notre mariage ? » L'interprétation est intéressante. Il s'agirait de reconnaître ici un dernier abaissement du Christ ressuscité, presque plus bas que la croix – jusqu'à la midinette – et d'apprendre à dire inlassablement et toujours passionnément « Je t'aime » à mon épouse – progrès considérable pour la « civilisation de l'amour ». Mais, sauf ton respect, ma mie, j'aimerais tenter ici un autre commentaire (qui n'est d'ailleurs pas sans lien avec le tien).

Comment faire pour ne pas être blasé ? Quelle est la méthode pour que chaque matin nous retrouvions le monde (et donc aussi notre épouse) avec la gratitude et l'émerveillement de celui qui sort soudain d'une paralysie totale et même d'une totale surdité, d'un total aveuglement, d'une complète agueusie, anosmie, etc. ? Pierre nous la donne, et elle est infaillible. Elle consiste à se sentir toujours indigne – ce qui est assez facile si l'on est honnête avec soi-même. Chesterton voit dans ce sentiment d'indignité la clef d'or, et même une des clefs de saint Pierre : « La seule façon de jouir, ne serait-ce que d'une mauvaise herbe, est de se sentir indigne, même d'une mauvaise herbe. »

Le problème est qu'au lieu de cultiver ce sentiment d'indignité qui nous ouvre à l'action de grâces pour les moindres choses, nous nous drapons dans une dignité au regard de laquelle les meilleures choses ne nous paraissent jamais assez bonnes. Nous revendiquons à la place toute une kyrielle de droits – « droit au bonheur » qui nous fait perdre la simple joie de vivre, « droit à l'enfant » qui vous interdit de recevoir l'enfant comme il vient, « droit à la liberté d'expression » qui tue l'émerveillement devant le fait de dire « bonjour »… Je n'ai rien contre ces droits, bien sûr, mais si on les met au premier plan, c'est de toute évidence le meilleur moyen de sombrer dans l'amertume et les récriminations : « Nous disons comme le Major mal luné à son club : "Est-ce là une côtelette digne d'un gentilhomme ?" » – attitude qui ne peut aboutir qu'à « la perte de tout appétit pour la côtelette ou pour une tasse d'infusion de pissenlits».

En vérité, ce sentiment d'indignité concorde avec notre dignité la plus haute, qui est une dignité en creux, une dignité de créature et de racheté, une dignité de réceptacle et de canal des grâces. Thérèse d'Avila ne trouvait rien de mieux pour célébrer la beauté de Dieu que de s'exclamer: «Vous dilatez notre rien.» Plus on se reconnaît vide, plus on se dispose à recevoir. Plus on reçoit, plus on augmente sa capacité, c'est-à-dire son pouvoir de cruche, ce qui ne peut que nous rendre plus humble encore (je rappelle que la cruche, qu'on prend communément pour métaphore de la jeune fille sentimentale et stupide dont il était question plus haut, est aussi une image que les saints emploient volontiers pour eux-mêmes: ils se perçoivent comme de petites cruches sous le torrent, ne profitant de l'eau qu'à désaltérer les autres).

Le bonheur de s'accuser soi-même

Ce sentiment d'indignité relève d'une vérité ontologique et non d'une contorsion psychologique, nous l'avons déjà dit. Le fait est que nous ne nous sommes pas faits nous-mêmes, et que notre création est un don tout à fait immérité. Vivre comme une créature suffirait à notre permanente réceptivité pleine de gratitude, s'il n'y avait pas l'orgueil. Il y faut donc autre chose, que l'orgueil ne peut pas supporter. Et cette autre chose, c'est de se reconnaître pécheur.

Bien sûr, même cela peut se falsifier. L'orgueil ne s'enveloppe pas toujours dans une dignité souveraine et méprisante ; il peut aussi refermer le sentiment d'indignité sur lui-même et le changer en refus de ce qui est offert. Mais croire que notre misère nous interdit toute miséricorde, c'est encore se poser en juge ultime, et ne pas avoir compris à quel point nous étions misérables.

Au tout début de sa relation avec Jésus, juste après la première pêche miraculeuse, Simon-Pierre l'adjure : *Seigneur, éloigne-toi de moi, car je suis un homme pécheur* (Lc 5, 8), sentiment d'indignité qui sent malgré tout son orgueil, car c'est malgré tout moi qui décide de ma dignité ou non, et qui reste sur le plan de la rétribution, me dérobant à l'ordre de la grâce. À la fin, après ses trois reniements, Pierre s'estime moins digne encore, mais son orgueil est détruit, et il peut à présent supplier avec une humilité véritable : « Approche-toi de moi, car je suis un homme pécheur. »

Il n'y a rien de mieux que de battre sa coulpe pour s'émerveiller de tout, même d'une grosse claque. Dorothée de Gaza en fait le principe d'une hospitalité toujours joyeuse : « La cause de tous nos troubles, c'est le fait de ne pas s'accuser soi-même. En vérité, eût-on accompli mille bonnes œuvres, si l'on ne s'accuse pas, on ne cessera jamais de souffrir et de faire souffrir, en perdant ainsi toute sa peine. Quelle joie au contraire, quel repos ne porterait-il pas partout où il va, celui qui s'accuse ! » De fait, si l'on se juge passible du pilori à cause de ses fautes, la plus grosse claque nous apparaît comme une incroyable clémence. Et si l'on s'estime bon pour l'étranglement entre les mains du bourreau, le simple fait de respirer encore se révèle comme une prérogative extraordinaire.

Mais le mieux, sans aucun doute, c'est de se trouver digne de l'enfer – ce qui n'est au reste possible que moyennant une très grande grâce de Dieu. Alors toutes les calamités vous semblent des réductions de peines. Voyant qu'à la place des châtiments infernaux qu'on mérite, on écope seulement d'une souffrance terrestre, de celles qu'on peut encore offrir à l'Éternel – comme *ne plus pouvoir mettre soi-même sa ceinture* ou être crucifié tête en bas –, il y a là encore de quoi rendre grâces.

Être (Saint-)Père

Un chasseur de têtes, même chrétien, ne manquera pas de protester : le recrutement du premier pape s'est tout de même fait sur des antécédents assez rédhibitoires pour n'importe quel chef du personnel un tantinet consciencieux. *La pierre qu'ont rejetée les bâtisseurs est devenue la pierre d'angle* (Ps 117, 22), soit ! *De l'ordure, il relève le pauvre* (1 S 2, 8), à votre aise ! Mais avec de tels principes, je doute que vous réussissiez dans la gestion des ressources humaines.

Il n'y a rien à redire là-dessus. Ce qu'il convient de préciser, toutefois, c'est que l'Église est une famille, non une entreprise, et que le pape est un père, non un expert. Or il est notoire que la paternité humaine s'accompagne toujours d'un sentiment d'indignité et d'incompétence – car, se sentirait-on tout à fait digne et compétent pour élever un enfant, qu'on ferait un formidable pédagogue, et que cet enfant serait orphelin…

La paternité nous tombe dessus comme la foudre. Elle ne nous est pas accordée parce qu'on a passé un certificat d'aptitude parentale. Elle nous échoit soudain parce qu'on a couché avec une femme – ce qui ne nous prépare en rien à l'art de changer une couche ou d'éduquer un enfant. Nous voici brusquement avec un bébé sur les bras et sans doute, pour ne plus entendre ses hurlements, allons-nous apprendre peu à peu à ne plus essayer de le ranger dans un tiroir. Nous nous efforcerons, par la force des choses, d'acquérir quelque qualification, mais cela ne change rien à notre indignité foncière, et le sentiment de cette indignité est justement ce que nous avons de plus précieux à transmettre à nos fils et nos filles.

Primo, il nous donne de leur montrer qu'aucun de nous n'est *le* Père, et nous oblige à faire en sorte qu'ils se tournent avec nous vers le Père éternel, *de qui toute paternité au ciel et sur la terre tire son nom* (Ep 3, 15). C'est là la première mission éducative, et le professionnel de l'éducation, justement parce qu'il se veut sans faille ni filiation, ne peut que la manquer.

Secundo, dans la mesure où nous y assumons une autorité fondée sur le simple fait d'être auteur (ici géniteur) et non sur une quelconque compétence, ce sentiment d'indignité nous offre de communiquer à nos enfants la confiance en la vie plutôt que le contrôle de production. Le planificateur qui aurait déjà un programme tout tracé et sans douleur pour son descendant ne pourrait en toute cohérence, et à l'inverse de Gepetto, que l'avoir déjà transformé en pantin.

Tertio, en nous sentant indignes d'avoir un petit, nous, qui ne sommes que des chenapans endurcis et n'avons rien de plus grand à transmettre que notre rien, nous pourrons considérer même une petite peste comme une bénédiction. Le fat qui clamerait son droit d'avoir un héritier digne de son enseigne commerciale ne pourrait que changer son petit ange en un démon qui se venge d'avoir été traité comme image de marque. Un vrai père ne se permettrait jamais pareille arrogance. Il est semblable au premier saint-père. Sa nullité confessée le rend apte à laisser passer une vérité plus grande que la sienne.

XI
À TOUTES LES CRÉATURES

Et il leur dit : « Allez dans le monde entier, proclamez l'Évangile à toute créature. Celui qui croira et sera baptisé, sera sauvé ; celui qui ne croira pas, sera condamné. Et voici les signes qui accompagneront ceux qui auront cru : en mon nom ils chasseront les démons, ils parleront en langues nouvelles, ils saisiront des serpents, et s'ils boivent quelque poison mortel, il ne leur fera pas de mal ; ils imposeront les mains aux infirmes et ceux-ci seront guéris. »

Marc 16, 15-18

Va-t-on se mettre à dialoguer avec le pissenlit et la limace ? Est-ce là le signe qui différencie la Bonne Nouvelle des dernières nouvelles (la victoire des Bulls sur les Knicks s'annonce exclusivement à des hommes et plus spécialement à des supporters de basket ; la victoire du Christ sur la mort concerne aussi les mollusques, entre autres, et doit donc leur être annoncée de façon claire et appropriée) ? La consigne du Ressuscité est formelle : *Allez dans le monde entier, proclamez l'Évangile à toute créature...*

Le second impératif rejaillit sur le premier. Il avertit que le « monde entier » ne doit pas s'entendre ici seulement en termes d'extension mais aussi et d'abord en termes de compréhension. Il ne suffit pas d'aller à Bornéo évangéliser des musulmans malaisiens. Il importe aussi – ce qui est nettement plus exotique – de rester dans votre quartier et de catéchiser Choupy, le chihuahua de madame Colette, votre voisine.

Après tout, François d'Assise fit un sermon aux oiseaux et convertit le féroce loup de Gubbio. Quant à notre Seigneur lui-même, on le voit s'adresser à un figuier puis encourager ses disciples à avoir une foi capable de commander aux montagnes pour qu'elles se précipitent dans la mer.

D'ailleurs, je ne prends ici que des êtres naturels, alors que le « monde entier », comme « ensemble des créatures », désigne aussi les productions artificielles et, sur ce point, il est assez évident que votre téléphone portable a besoin d'une bonne leçon. Au risque de décevoir des écologistes trop étroits, qui n'ont que l'amour des bêtes, et pas celui des objets, il faut aussi proclamer l'Évangile à la casserole, au lustre, au slip, au lave-vaisselle (pour qu'il ne vous prive pas entièrement de la satisfaction de récurer une poêle et d'entrer dans une authentique collaboration avec un ami qui rince et un autre qui essuie), à la télévision (pour que celle-ci soit bien attentive à vos propos et ne coupe pas inopportunément vos conversations avec vos proches). Je recommande surtout au missionnaire de commencer par proclamer la Bonne Nouvelle à un mur – ou peut-être même à un pistolet chargé braqué sur sa tempe. C'est une excellente préparation à la rencontre de ses frères humains.

Certains croiront que je plaisante. Je n'ai jamais été aussi sérieux. Il est décisif de ne pas réduire la résurrection à un événement humano-humain et de la considérer dans son amplitude cosmique. D'une part, cela nous interdit d'en faire une petite consolation privative, un doudou pour les grands, une « option spirituelle » ou un « fait religieux » qui n'engagerait pas mieux qu'une explosion radioactive tout le monde matériel, du boson de Higgs au président de la République. D'autre part, cela nous impose de distinguer l'évangélisation de la propagande : s'il s'agit de témoigner de quelque chose qui est aussi essentiel pour la moule que pour l'étoile, pour un chat de gouttière que pour l'actrice oscarisée Sandra Bullock, il devient manifeste que l'indispensable, afin d'annoncer la Bonne Parole, ne se situe pas dans la comm' ni dans les moyens de persuasion, car ni l'étoile ni la moule ni même Sandra Bullock, à vrai dire, n'y seront vraiment réceptives.

Si c'est une créature…

Un ami charismatique, habitué au porte à porte et à la prédication de rue, me fit observer les avantages qu'on trouve à considérer son prochain comme une créature et non spécifiquement comme un homme : « Quand on se dit que le type qui est en face de soi est un être humain, et un être humain appelé à la sainteté, surtout, on encourt le risque d'être bougrement déçu et d'aller tout de suite sur le terrain de la morale pour le réprimander, pointer du doigt ses manquements, lui dire que sa vie de cochon est très loin de sa vocation d'ange. Mais quand on se dit que ce quidam est une créature, du même genre qu'un cochon ou un ver de terre, alors on est obligé de reconnaître que, pour un ver ou un cochon, c'est tout de même un cochon fantastique ou un lombric absolument fabuleux. Pour ma part, si le bonhomme est agressif, je le classe dans la race des alouates ou singes hurleurs, et j'en conclus qu'au bout du compte il est d'assez bonne composition. S'il est atteint de démence sénile, je le range dans la catégorie "végétaux", et je dois constater que, pour un légume, c'est le plus formidable légume que j'aie jamais vu !... Esméralda redoute de lever les yeux sur Quasimodo alors qu'elle caresse allègrement sa biquette à cornes et sabots, de sorte que Quasimodo gémit : "Mon malheur, c'est que je ressemble encore trop à l'homme. Je voudrais être tout à fait une bête, comme cette chèvre." Si la bohémienne avait pris Quasimodo comme une espèce à part entière et non un spécimen difforme de l'humanité, elle aurait sans doute appris à le câliner sans dégoût, aussi bien qu'un mignon petit agneau, lequel, si elle le jugeait à partir des canons de l'éphèbe, lui apparaîtrait comme un monstre hideux. »

Retrouver l'émerveillement du zoo pour lutter contre les désillusions de l'esthétisme ou du moralisme, voir en son prochain une créature assez indéterminée pour qu'on l'estime toujours d'abord digne d'être là, la méthode me parut judicieuse, même si elle peut conduire, appliquée littéralement, à des confusions regrettables, comme de mettre le bonhomme agressif en cage ou de faire une soupe avec le sénile. Elle rejoint en tout cas certaines affirmations fondamentales de la théologie. Voir dans un être une créature avant quoi que ce soit d'autre, c'est acquérir la certitude que cet être existe par la volonté expresse du Créateur.

Cette vérité peut être pénible à admettre, mais elle est imparable : si le Créateur n'aimait pas cet imbécile, cet imbécile n'existerait pas. Par conséquent, proclamer l'Évangile à un homme en tant que créature avant de le lui proclamer en tant qu'homme nous impose de dire oui à sa présence avant de lui prêcher quoi que ce soit. Avant de « vouloir lui faire du bien » (ce qui fut depuis toujours la devise de toutes les emprises – des mères tyranniques aux systèmes totalitaires), on doit reconnaître que c'est déjà bien qu'il existe : si stupide qu'il nous semble, il est une volonté de l'éternelle sagesse ; si moche qu'il nous paraisse, il est une création de la beauté subsistante ; et même si méchant qu'il puisse être, il est d'abord l'œuvre de la toute-puissante bonté. Ce qui n'est pas sans nous mettre dans une situation tragi-comique : l'athée qui nie la parole de Dieu est lui-même une parole de Dieu (dans ce qu'il est, non dans ce qu'il dit) ; et le fondamentaliste qui brandit un Dieu écrasant est lui-même la sollicitude d'un Dieu assez patient pour supporter un tel roquet.

Tout subsiste en lui

Ce qui précède, me direz-vous, revient à cette question humano-humaine dont nous prétendions sortir. Où donc est votre beau projet de dicastère pour le dialogue inter-espèces, l'évangélisation de la fouine et du cactus, l'œcuménisme du caillou – car, si les hommes se taisent, *les pierres crieront* (Lc 19, 40), n'est-ce pas?

Nous avons déjà mené une partie de l'enquête sur le corps du Ressuscité. Nous l'avons retrouvé dans le pain et dans notre prochain – tous deux se retrouvant dans la convivialité d'une sainte table. Mais on peut aller plus loin encore et dire avec saint Paul que désormais *tout subsiste en lui* (Col 1, 17). Ses apparitions familières sont pour nous apprendre à être divinement simples. Ce sont des accommodements avec la faiblesse de notre œil. Comme l'insinue l'affaissement du linceul intact, le corps glorieux en lui-même échappe à nos conditions spatio-temporelles. Ce n'est plus tant lui qui est dans le monde que le monde qui est en lui.

La poésie amoureuse a toujours pressenti ce retournement de situation – et il s'agit bien là du retournement de *situation* par excellence: l'inversion du contenant et du contenu, du paysage et de la figure, du corps humain et de l'espace. La bien-aimée embrasse l'univers. André Breton en scande la litanie: «Ma femme à la chevelure de feu de bois… Ma femme aux sourcils de bord de nid d'hirondelle… Ma femme aux épaules de champagne et de fontaine à tête de dauphins sous la glace… Ma femme à la gorge de Val d'or… Ma femme au dos d'oiseau qui fuit vertical… » Ce surréalisme-là renoue avec le réalisme de l'amour. Il peut bien se croire inédit, il rejoint l'antique poésie du Cantique. L'époux dit à l'épouse : *Tes cheveux sont comme un troupeau de chèvres, ondulant sur les pentes du mont Galaad. Tes dents, un troupeau de brebis à tondre qui remontent du bain* (Ct 4, 1-2). Et l'épouse dit de l'époux : *Ses yeux sont des colombes, au bord des cours d'eau se baignant dans le lait, posées au bord d'une vasque. Ses joues sont comme des parterres d'aromates, des massifs parfumés* (Ct 5, 12-13). Jeu de métaphores, sans doute, mais aussi, depuis la résurrection et l'Ascension (et l'Assomption aussi, pour ce qui est de la femme), fait métaphysique.

Vous voulez rencontrer Jésus ? Vous croyez que c'est la chose la plus rare et la plus difficile du monde. Pas du tout. Rencontrez n'importe quoi, tout bonnement, tout bellement. Rencontrez une goutte d'eau. Rencontrez une pivoine. Rencontrez un pigeon. Rencontrez même un MacBook ou un neveu boutonneux. Si vous les rencontrez vraiment, c'est-à-dire en éprouvant un certain vertige devant leur mystère, Jésus est là, qui les porte et même porte leurs péchés et cherche à les en délivrer. Nommer ainsi cette expérience suppose bien sûr d'avoir appris à lire le réel dans les Écritures et à le goûter dans l'eucharistie. Mais c'est cela proclamer l'Évangile, et cela veut déjà dire *parler des langues nouvelles* (s'écrier « Seigneur ! » devant un pigeon), *saisir les serpents et boire des poisons sans mal* (utiliser un MacBook sans perdre le sens de la présence), *guérir les malades et chasser les démons* (être assuré que le Sauveur enveloppe votre neveu boutonneux de sa tendresse et que ce neveu est donc capable, contre toute attente, de quitter sa PlayStation et de s'ouvrir à la poésie du Cantique).

Tours et détours de la Providence

Précédemment, la créature était perçue dans l'amour du Créateur. À présent, elle est accueillie dans le salut du Rédempteur. L'annonce de la Bonne Nouvelle déborde ainsi largement le cadre de la morale. Il n'est certes pas mauvais de préconiser la vertu. Mais il faut concéder que le vice peut rendre bien des services. Mon amie Douve me racontait hier ce qui lui était arrivé lors d'une fausse couche : sous l'effet d'une forte et dangereuse hémorragie, elle avait perdu connaissance au milieu de la nuit sur ses toilettes et ce fut sa sœur Cosima qui la sauva d'une mort probable en appelant les urgences – parce qu'elle revenait de la discothèque. Elle seule était disponible à l'heure où les braves gens dormaient. Louée soit la discothèque ?

La chose reste à prouver : celle qui a pu secourir sa sœur évanouie à trois heures du matin eût sans doute été incapable d'entendre ses cris à midi. Ce concours de circonstances rappelle toutefois des histoires de la Bible où le contraste est encore plus extrême.

Joseph est vendu par ses frères et par ce biais traverse toutes les péripéties qui lui donneront de devenir l'intendant de Pharaon et de sauver un jour sa famille de la famine (Thomas More écrit en marge de son livre d'Heures : « Penser que mes pires ennemis sont mes meilleurs amis, parce que les frères de Joseph n'auraient pu lui faire autant de bien par leur amour et leur faveur qu'ils ne lui en ont fait par leur malice et leur haine. ») De même, Rahab, étant prostituée, ayant ainsi une maison ouverte à tout passant tardif au flanc des murailles de Jéricho, peut accueillir et protéger les Israélites, et devenir une des femmes nommées dans la généalogie de Jésus – comme l'adultère Bethsabée. Toutes ces immorales merveilles ne sont cependant que des fredaines auprès de la croix du Christ, qui sauve le monde au moyen du supplice le plus injuste. Est-ce à dire qu'il faut encourager la torture, la prostitution ou la vente de nos petits frères en vue du bien commun ? Ce serait se soumettre au moralisme ambiant – celui d'un libéralisme qui nous exhorte à faire des efforts pour être égoïstes parce que, grâce à la main invisible du Marché, les vices privés feront la prospérité publique.

Celui qui proclame l'Évangile veut le Bien, mais son Évangile lui rappelle que ce Bien se réalise selon *des jugements insondables et des voies impénétrables* (Rm 11, 33), lesquels excèdent de très loin ses injonctions légales et ses plans d'évangélisation. La Providence est avec lui : *Tout concourt au bien de ceux qui aiment Dieu* (Rm 8, 28). Il a pour allié la création tout entière : *La création en souffrance aspire à la révélation des fils de Dieu* (Rm 8, 19). Cela ne veut pas dire qu'il ne doit pas agir, ni qu'il doive poursuivre son seul intérêt et laisser faire les circonstances, ainsi que le prétendent les théories du Marché qui parodie la théologie de la Providence. C'est au contraire que son action doit être assez réceptive pour avoir la puissance d'accompagner l'enfantement de l'univers. Ce qu'il révèle, ce dont il assiste l'accouchement (car l'homme sage est toujours d'une certaine façon sage-femme), n'est pas ce qui se surimpose au réel, mais ce qui est le travail du réel lui-même.

Qu'il ne s'exalte pas trop, cependant. Il est terrible d'avoir la création tout entière avec soi. On n'est pas écrasé, peut-être, mais on est *pressé de toute part* ; on n'est pas *annihilé* mais on est *terrassé* (2 Co 4, 8-9). Ce qui advient prime sur ce qu'on avait prévu. Vous devez considérer le pire raseur qui sonne à votre porte comme un envoyé du ciel.

Consolez-vous toutefois en vous disant que c'est aussi dur pour lui que pour vous. Car vous allez le conduire à reconnaître sa surprenante provenance, vous allez faire sentir à l'athée qu'il est une parole de Dieu, et au fondamentaliste qu'il est une patience de Dieu. Douve fit entendre à sa sœur que c'était l'Éternel qui l'avait providentiellement envoyée en discothèque pour qu'elle pût revenir à l'heure exacte – une heure exacte qui ne dépendait pas de sa ponctualité – où elle avait besoin de son aide : ainsi avait-il déjà jeté Jonas dans la gueule de la baleine afin que la baleine le vomît sur les côtes de Ninive (Cosima ne va plus en discothèque, maintenant, mais elle chante dans des bars de vieilles romances qui sont en quelque sorte le décalque profane du Cantique).

Le monde entier et le royaume du proche

Si le monde entier, ce sont toutes les créatures, il y a déjà beaucoup à faire ici pour tout évangéliser, et souvent le plus ardu en ce domaine, ce n'est pas le féroce bouledogue, c'est sa propre famille : *Un prophète n'est méprisé que dans son pays et dans sa maison* (Mt 13, 57). Et cela d'autant plus que chaque membre de la famille peut revendiquer ce titre de prophète méprisé… Qui dit famille, au demeurant, dit belle-famille, et une belle-famille peut former une tribu aux mœurs plus étranges et plus farouches qu'une peuplade perdue.

On doit convenir enfin que, de tous les êtres rebelles à la parole de Dieu, notre propre cœur est sans doute le pire, et qu'il a des replis plus sauvages que la jungle amazonienne. C'est la preuve que la vie est bien faite. Il n'y a pas à chercher loin pour avoir son cirque ou son prétoire. Et comme la terre est ronde, le bout du monde est ici.

Certains, néanmoins, parfois pour se confronter à des sociétés moins résistantes que leur propre parenté, entendront l'appel de partir aux extrémités de la terre : *Allez dans le monde entier* – au sens extensif – ce qui ne veut pas dire « envoyez des messages partout dans le monde ». La catholicité missionnaire n'a rien à voir avec la globalisation informatique. Il s'agit d'y aller soi-même, en personne. L'amour du prochain ne se communique jamais mieux qu'en se faisant proche. Et le meilleur moyen d'évoquer le mystère de l'Incarnation, c'est encore de se rendre présent en chair et en os. Quand les disciples s'en vont par deux, ils prêchent que *le Royaume est proche* (Mt 10, 7) – c'est-à-dire que le Royaume se vit dans la proximité, et qu'il se propage de proche en proche : *On prêche en son nom à toutes les nations,* certes, mais *en commençant par Jérusalem* (Lc 24, 47).

Surtout, puisque *tout subsiste en lui*, prêcher sa résurrection consiste à courir à sa rencontre là-bas où il est déjà, sans que les autochtones le sachent encore. *Il vous précède en Galilée* (Mc 16, 7), et donc aussi dans la Creuse, en Chine, sur les contreforts du Machu Picchu ou dans la banlieue de Des Moines (Iowa). Le missionnaire n'y apporte pas une idole étrangère. Il y révèle le nom et le don du plus intime. Ses jambes n'ont galopé que pour manifester de plus profondes racines. Aussi ne craint-il pas d'arroser ce sol étranger du sang qu'il a reçu de ses pères.

XII
EN METTRE SA TÊTE À COUPER (OU SON CORPS À LAPIDER)

Tout rempli de l'Esprit Saint, il fixa son regard vers le ciel; il vit alors la gloire de Dieu et Jésus debout à la droite de Dieu: « Ah! dit-il, je vois les cieux ouverts et le Fils de l'homme debout à la droite de Dieu. » Jetant alors de grands cris, ils se bouchèrent les oreilles et, comme un seul homme, se précipitèrent sur lui, le poussèrent hors de la ville et se mirent à le lapider. Les témoins avaient déposé leurs vêtements aux pieds d'un jeune homme appelé Saul. Et tandis qu'on le lapidait, Étienne faisait cette invocation: « Seigneur Jésus, reçois mon esprit. » Puis il fléchit les genoux et dit, dans un grand cri: « Seigneur, ne leur impute pas ce péché. » Et en disant cela, il s'endormit.

Actes 7, 55-60

Il est assez remarquable que la plupart de ceux qui ont vu le Ressuscité sont eux-mêmes morts de mort violente, jetés du haut d'un temple, décapités, lapidés, éventrés, crucifiés à l'envers, écorchés vifs… Pas besoin d'être superstitieux pour deviner là quelque chose de plus fatal que la malédiction de Toutânkhamon. Sauf qu'il s'agit ici, aux yeux des victimes elles-mêmes, non pas d'une malédiction, mais d'une bénédiction : elle correspond moins à une revanche de Pharaon qu'à une nouvelle sortie d'Égypte.
Cette disposition au martyre ne doit être confondue ni avec une inclination suicidaire ni avec une obstination capricieuse. L'inclination suicidaire découle plutôt de la recherche du confort : on veut absolument se sentir tranquille, et, si le bien-être du canapé nous est dorénavant interdit, reste toujours le repos du cercueil. L'obstination capricieuse découle plutôt de la recherche du consensus : on veut absolument que l'autre soit d'accord, et, si la persuasion par la parole échoue, reste toujours la fascination par le sang. Cela ressemble au chantage des petits enfants qui menacent de retenir leur respiration jusqu'à ce que vous leur rendiez leur jouet. Les pseudo-martyrs ne sont guère plus matures. Ils prétendent vous prouver la vérité de ce qu'ils affirment en se brisant le crâne à vos pieds, ce qui est manquer vraiment de tenue (ils ne se gênent pas pour tacher

votre pantalon tout propre) et surtout de fair-play (ils vous coupent la chique aussi bien que celui qui vous prendrait à la gorge). Comment, après cela, tandis que leur sang forme une grosse flaque sur votre tapis, les inviter à poursuivre la conversation autour d'un verre?

Au contraire de ces comportements grossiers, la disposition au martyre relève du plus élémentaire savoir-vivre. D'abord, elle n'est pas pulsion de mort mais goût de la vie – au point de la désirer éternelle. Ensuite, elle correspond à cet «Après vous» dont nous parlions à propos de la course de demi-fond pascale et du sépulcre vide. Le témoin du Ressuscité laisse toujours passer son prochain devant lui. Cependant, parce qu'il laisse premièrement passer le Christ, et qu'il sait pour cela faire la différence entre une promenade et un précipice, son «Après vous» prend fréquemment la forme d'un *Vade retro,* sans pour autant changer de nature. La même politesse qui vous fait tenir la porte ouverte pour qu'autrui vous précède à l'intérieur vous pousse à lui barrer la route quand la porte en question est celle de l'enfer.

Le drame, c'est que le précipice a souvent l'air d'une promenade – l'enfer est pavé de bonnes intentions – et que le chemin du Paradis est celui de la croix. Votre obligé vous prend pour un agresseur. Il préfère ses idées noires à l'espérance, parce qu'au moins ses idées noires sont à lui et tiennent dans son crâne. Il préfère son contentement à la béatitude, parce qu'au moins son contentement le préserve de toute déchirure. Il ne tarde donc pas à vous remercier en vous crucifiant, sans que vous puissiez d'ailleurs trop vous plaindre, puisque son malentendu contient une étrange clairvoyance (que le chemin du Paradis passe par la croix, cela ne vaut-il pas aussi pour vous ?). Telle est l'aventure d'Étienne, premier martyr et, en tant que majordome spirituel ou diacre *préposé au service des tables* (Ac 6, 2-3), grand connaisseur du savoir-vivre.

Étienne, Saul et Ananie

Le Christ apparaît encore après l'Ascension et la Pentecôte. Au regard de la règle auparavant posée, à savoir que le but de la résurrection est notre vie dans l'Esprit, et que le corps mystique du Ressuscité est désormais à découvrir dans ses membres, c'est-à-dire dans le prochain, cela ressemble à une transgression. C'est en réalité l'exception qui confirme la règle et affirme, par-dessus tout, la liberté de Dieu.

Les Actes des Apôtres nous signalent trois de ces apparitions en excès – la première à Étienne, la deuxième à Saul, la troisième à Ananie. Toutes trois se distinguent de celles qui précèdent l'Ascension par quatre traits. Tout d'abord, elles sont privées : un seul voit tandis que ceux qui l'entourent ne voient rien – ce qui n'était le cas ni sur le chemin d'Emmaüs ni au cénacle. Ensuite, elles sont célestes : Jésus ne s'y montre plus avec la familiarité discrète de celui qui marche, mange avec ses amis, leur relit les Écritures – il fait irruption soudain dans la fracture des cieux, à la droite du Père. Troisièmement, par un effet de compensation, elles sont immédiatement liées au martyre, comme si une gloire plus directe impliquait aussi plus directement la croix, ou que le moment de la vision coïncidait avec celui de la mission. Enfin, compensation cette fois de leur caractère privatif, ces apparitions mettent en relation des ennemis : l'enjeu n'est plus la foi des femmes et des Apôtres, mais la rencontre, impossible au seul plan horizontal, du persécuteur et du persécuté. Étienne est tellement saisi par ce qu'il voit que cela déborde par sa voix. Ses auditeurs en sont manifestement plus contrariés que des amateurs d'opéra devant un ténor qui s'égosille : ils se bouchent les oreilles et lui jettent non des tomates mais de grosses pierres que son sang se chargera de rougir. Parmi ces lapidateurs, comme leur chef et leur vestiaire, se tient Saul. Ce sera lui le bénéficiaire de la deuxième apparition, fruit de la prière d'Étienne dont la dernière parole sous les cailloux reprend la première du Christ en croix : *Seigneur, ne leur impute pas ce péché.*

Saul est bientôt désarçonné sur le chemin de Damas où il se rendait pour écrouer et tuer d'autres *adeptes de la Voie* (Ac 9, 2 – je recommande la reprise de cette vieille appellation dans les milieux à la mode. Si vous dites tout de suite : « Je suis chrétien », on vous trouvera ridicule, mais déclarez : « Je suis adepte de la Voie », on vous croira remarquable, et peut-être même franc-maçon). Or, en même temps qu'il éblouit Saul sur la route, Jésus apparaît dans Damas à l'un de ceux que Saul s'apprêtait à mettre en prison. Ananie lui aussi est renversé : il apprend que l'*ennemi des saints* est devenu un *instrument de choix pour porter le Nom* du Sauveur (Ac 9, 15), et qu'il doit aller le chercher *dans la rue Droite, en la maison de Judas,* afin de le baptiser et de lui rendre la vue...

Les trois dernières apparitions du Nouveau Testament s'entrelacent pour que ceux qui entraient en collision entrent en communion. Le persécuté, le persécuteur et celui qui était sur le point d'être persécuté par ce dernier et disait donc du mal de lui, ces trois adversaires se rencontrent par le haut et se retrouvent ici-bas. Pour qu'un tel événement arrive, il n'a pas suffi de « poser les pierres d'un dialogue constructif ». Ou plutôt si, mais ces pierres d'attente et de dialogue, Étienne a dû d'abord se les prendre dans la figure.

Porter un toast

J'ai parlé plus haut de converser cordialement autour d'un verre, et il convient de s'y efforcer autant que possible dans une franche camaraderie. Mais voilà : le savoir-vivre nous enseigne à ne pas porter la coupe aux lèvres sans avoir porté un toast. Et c'est là que l'ambiance peut se plomber, les choses se gâter et la coupe, si délicieuse soit la liqueur qu'elle contient, devenir amère. Pour quoi, pour qui porter un toast ? La santé ? La vie ? La plupart du temps on s'arrête à des mots qu'on laisse intentionnellement dans le flou pour ne pas générer de conflit. L'honnêteté réclame toutefois que vous creusiez un peu la question : la santé pour quoi faire ? Et quelles sont, de la vie, la source et l'embouchure ?

Le cardinal Newman écrit dans sa lettre au duc de Norfolk : « Si j'étais obligé d'introduire la religion dans un toast d'après-dîner – ce qui à vrai dire ne semble pas exactement la chose à faire – je boirais au pape, s'il vous plaît, et néanmoins à la conscience d'abord, le pape ne venant qu'ensuite. » La conscience apparaît comme une « santé » moins conflictuelle que le pape, mais, quand on y réfléchit bien, ce peut être encore plus douloureux. Après tout, la conscience est un organe qui nous échappe autant voire plus que nos parties honteuses : elle se raidit quand nous voudrions être détendus, nous travaille quand nous voudrions dormir, nous met en garde quand nous voudrions son approbation. Et c'est pourquoi, d'ordinaire et par pudibonderie, on préfère parler sexe plutôt que parler conscience.

Bref, qu'on prenne le toast à cœur afin de ne pas laper comme une bête, et à la tienne, Étienne! la franche camaraderie vole en éclats, parce qu'elle doit se transformer en amitié dans la vérité. Le premier martyr n'a essayé que de porter un toast avec ses *frères et pères,* reprenant toute l'histoire sainte et à la grande santé du salut. Et la conversation autour d'un verre s'est presque automatiquement changée en lapidation parmi les tessons. Mais cet échec complet du dialogue est aussi la victoire du témoignage rendu à ce qui est plus vaste que tous nos souhaits.

Puissance de la prière

Le vrai martyr n'a pas d'autre puissance que la prière. C'est ce qui le rend redoutable. Bien évidemment, je ne suis pas contre le fait de prendre des armes matérielles. Il est bon de tendre l'autre joue, et, néanmoins quand cette autre joue qu'on cherche à meurtrir n'est pas la vôtre, mais celle de votre femme ou de vos enfants, la charité est de vous interposer et de faire à l'assaillant l'aumône d'un bon crochet du droit. Cela s'appelle la légitime défense. Elle consiste non pas à enfreindre, mais à faire respecter le «Tu ne tueras point», et donc, si les circonstances l'obligent, à mettre celui qui voudrait l'enfreindre hors d'état de nuire. Les Cristeros combattaient pour la paix plus que les pacifistes, qui par leur passivité se faisaient complices des destructeurs. Il s'agissait cependant de laïcs, de paysans, de pères de famille, non de prêtres ni de moines, car les moines et les prêtres, en cela beaucoup plus libres, ne luttent qu'avec le glaive de la parole, lequel demeure plus puissant que toutes les épées.

Celui qui vit par l'épée périra par l'épée (Mt 26, 52), il peut vaincre légitimement, il reste néanmoins sur le terrain de l'adversaire. Il n'est pas plus fort que la violence. Les Cristeros le savaient : s'ils s'armaient de fourches et de fusils, ce n'était pas pour célébrer le pouvoir de la fourche et du fusil, mais afin de lutter contre un gouvernement qui voulait leur interdire d'enseigner à leurs enfants la puissance plus grande encore de la prière. Quelle est cette puissance ? Justement de ne pas se situer au niveau de la puissance qui aplatit, de la supériorité écrasante ou de la domination bestiale.

Celui qui pour asseoir son empire doit piétiner et grimper sur les corps des petits démontre sa faiblesse. Le vrai supérieur ne se pavane pas : il se penche et tend la main. Le Tout-Puissant élève les humbles, et c'est pour cela qu'il *renverse les puissants de leur trône* (Lc 1, 52). Il ne leur conteste pas leur couronne sur le même plan, il leur manifeste que la vraie puissance est fécondité, non suprématie ; qu'elle n'est pas du despote qui mate le populaire, mais du père qui ménage un espace d'avenir pour ses enfants. Où l'épée commande, la prière demande, et, en demandant, désamorce la brutalité, suscite la responsabilité, rend l'autre apte au choix décisif – soit de se sentir désarmé et de se mettre à l'écoute, soit d'enrager davantage et de vous mettre en croix, soit encore, ce qui est plus courant, de se mettre à l'écoute après vous avoir mis en croix, parce qu'il s'est étonné de votre obstination à rester généreux dans le supplice.

Certes, quand le cannibale commence à vous faire cuire à la broche, vous n'allez pas nécessairement l'aider à améliorer sa sauce barbecue ni le laisser penser que votre chair est meilleure que du veau, mais, avec la grâce de Dieu, vous veillerez encore à ce qu'il partage équitablement le repas avec son entourage et essaye de prononcer dessus le bénédicité. Et quand, ce qui est un tourment bien plus redoutable, la très jolie séductrice commence à vous caresser la cuisse, vous n'allez pas entamer avec elle une discussion sur la théologie du mariage indissoluble – vous seriez perdu ! – mais vous la repousserez fermement, lui demanderez des nouvelles de son papa, lui indiquerez que, d'après saint Paul, votre corps le plus aimable est celui de votre femme et la prierez de prendre contact avec votre jeune cousin Bertrand qui se désole d'être toujours célibataire. Soyez sûr qu'aussi bien la gueule anthropophage que la *girl* mangeuse d'hommes finiront par être touchées de votre force et de votre extrême savoir-vivre.

Plus radical qu'un djihadiste

Au fond, ce que l'on peut le plus reprocher aux djihadistes, c'est leur manque de radicalité. Ils en ont honte, probablement, puisqu'ils le dissimulent en usurpant le nom de « martyrs » – quand ils ne sont que des suicidaires et des assassins. Je ne leur reproche pas tant de prouver par la kalachnikov leur grande carence en arguments (après tout, ils ne prétendent pas être des universitaires ni des diplomates). Je leur reproche de ne pas être assez *soumis* à la providence divine.

En l'occurrence, le disciple du Ressuscité est beaucoup plus radical qu'eux. D'une part, il sait que pour être un témoin de la résurrection, il lui convient de passer lui-même par la mort du Christ – ce qui le rend assez indulgent à l'endroit de ses persécuteurs. D'autre part, il a l'assurance que l'infidèle lui-même est envoyé par Allah (puisqu'il existe), qu'il est là pour éprouver sa foi, et qu'il est même malgré lui un merveilleux signe qu'Allah est grand, plus grand que nos ambitions de mainmise, son infidélité supposant un Dieu capable de créer non pas des automates mais des créatures libres de l'aimer. Enfin, si pour secouer l'opinion publique, il devait commettre un attentat, ce serait, autant que possible, non pas en exterminant des vivants mais en ressuscitant des consciences mortes depuis longtemps, et il faut pour cela des armes bien plus difficiles à manier que le sabre ou le lance-roquette.

Jésus le déclare : *Quand je serai élevé de terre, j'attirerai à moi tous les hommes* (Jn 12, 32). Tous les hommes, y compris celui qui le rejette, car le Ressuscité n'en est pas moins le fond de sa subsistance et le cœur de son cœur, et que de toute façon le médecin ne vient pas pour les bien portants. Le réalisme de la foi nous ôte toute croyance en notre privilège. Il nous ordonne de confesser, tandis que le djihadiste nous trucide : Je sais malgré les apparences que tu es profondément attiré par Jésus, le Juif éternel, et il se peut même que, comme Saul après avoir éliminé Étienne, tu deviennes pour lui un *instrument de choix,* meilleur que moi-même.

Who knows?
It's only just out of reach,
Down the block, on a beach,
Under a tree.
I got a feeling there's a miracle due,
Gonna come true,
Coming to me.

Stephen Sondheim, *Something's coming*,
chanson de *West Side Story*

C'est quand un texte est fini qu'on se rend compte du livre qu'on aurait dû écrire. Et quand ce texte porte en outre sur le mystère de Dieu lui-même, on s'aperçoit par-dessus le marché qu'on aurait mieux fait de se taire – ou du moins de passer tout ce temps dans le silence de l'oraison. Qu'il me pardonne ma légèreté (et celle de mon éditeur, car, pour reprendre une parole qui n'aurait pu que plaire à Pilate, celui qui a eu l'audace de livrer ce texte à vos mains est certainement plus coupable que moi) !

Le sujet de la résurrection m'a paru trop sérieux pour être traité avec sérieux. Convenait-il cependant de l'aborder avec gaîté ? Peut-être pas. J'ai fait ce que j'ai pu, surtout que, pendant l'écriture de maints passages, Joseph, deux ans, croyait favoriser mon inspiration en me grimpant sur le dos, Jacob me réclamait de visionner – à l'endroit même où je tapais *Résurrection* – un épisode de *Petit Potam,* tandis que mes quatre filles, quand elles ne se disputaient pas à grands cris, hurlaient de bonheur en me serinant à tue-tête cette chanson qui réveille désormais en moi des instincts de meurtre – *Libérée, délivrée* de *La Reine des neiges* (et je ne parle pas des factures à régler qui m'environnent, ni de ma femme dont la parole oscille sans cesse entre le sublime et le trivial, me demandant tantôt : « Est-ce que tu m'aimes ? », tantôt : « Quand est-ce que tu vas monter les étagères de la buanderie ? » – mais il faut penser, en dépit des apparences, que c'est une seule et même question).

Pour que nous soyons humains

Si j'ai été parfois fantaisiste, je ne pense pas avoir été frivole. Une thèse commande ce petit ouvrage – et permet d'expliquer ce qui fait l'éventuelle originalité de son approche. Les temps ont changé. Là où, par nos écrans connectés, n'importe quoi semble pouvoir apparaître toutes portes closes, il s'agit désormais de comprendre que le Ressuscité surgit toutes portes closes pour nous montrer qu'il y a encore des portes à ouvrir en toquant dessus et en tournant la poignée. Les apôtres de nos jours ne doivent pas seulement faire des miracles, ils doivent encore rappeler des évidences, ce qui les rend plus ridicules que jamais. Ils annoncent que le feu brûle, que la nuit n'est pas le jour, que l'herbe ne pousse pas mieux quand on tire dessus, que la vache est un herbivore, qu'un enfant naît d'un homme et d'une femme, en un mot qu'il y a un ordre dans le réel.

Pourquoi ce ridicule ? Parce que ce qui constituait hier la destinée humaine : naître fille ou garçon d'un père et d'une mère, travailler de ses mains, partager un repas autour d'une table, engendrer à son tour puis faire place à la génération suivante en quittant ce monde – tout cela semble être rendu optionnel par la technologie. On nous demande déjà si nous préférons avoir un petit par voie sexuelle ou par éprouvette (en nous faisant sentir que l'éprouvette est plus sélective et plus performante). On nous demandera demain si nous voulons encore mourir ou si nous n'aimons pas mieux être immortels (pour être délicieusement euthanasiés après quelques mois). Enfin on nous met face à ce nouveau choix : rester humains ou être « upgradé » vers une prétendue humanité 2.0.

Mais tandis que la science envoie des sondes dans l'espace, *la Sagesse dresse une table* (Pr 9, 2). Et tandis que l'ingénieur bricole un surhomme, Dieu crée l'homme et la femme. Voilà pourquoi l'Église mène aujourd'hui d'innombrables combats à front renversé : animée par l'Esprit, elle glorifie la chair ; dépositaire du surnaturel, elle se fait gardienne de la nature ; appelant à être saint, elle défend le sexe. Et voilà pourquoi il ne suffit plus de dire comme autrefois : « Dieu s'est fait homme pour que l'homme devienne Dieu » – il faut encore ajouter que Dieu s'est fait homme pour que l'homme reste humain, et qu'en étant divinisé, il soit toujours plus humain encore.

Face aux contre-annonciations

J'ai souvent insisté sur ce que l'Apocalypse nous présente comme une contre-annonciation : *Le Dragon est en arrêt devant la Femme en travail et s'apprête à dévorer son enfant aussitôt né* (Ap 12, 4). Que de progrès ont été réalisés depuis le jour où ce verset fut écrit ! Le Dragon peut à présent ne plus attendre que l'enfant soit né pour entreprendre sa dévoration, et mieux encore : il peut fabriquer lui-même le petit en laboratoire, selon ses desseins.

De nos jours, à vrai dire, il n'y a pas qu'une, mais deux contre-annonciations qui s'opposent et composent ensemble. Celle du technicisme : « Les technologies NBIC viendront sur toi et la puissance de l'Ingénierie te couvrira de sa transparence. » Celle de l'islamisme : « L'ange du Seigneur apporta l'annonce à Mahomet, et il ne conçut rien, mais se soumit à la dictée du Coran. » Face à la première, on ne peut plus se contenter de faire l'apologie de la spiritualité (et glisser vers un certain bouddhisme), il faut encore affirmer la bonté du corps tel qu'il est engendré naturellement, jusque dans sa capacité à souffrir (*Voyez mes mains et mes pieds ; c'est bien moi ! Palpez-moi et rendez-vous compte qu'un esprit n'a ni chair ni os comme vous voyez que j'en ai* – Lc 24, 39). Face à la seconde, on ne peut plus se contenter d'invoquer Dieu, il faut encore affirmer la légitimité de l'homme en sa culture, sa liberté, ses égarements mêmes – c'est-à-dire avec tout le poids de l'histoire (*Et, commençant par Moïse et parcourant tous les Prophètes, il leur interpréta dans toutes les Écritures ce qui le concernait* – Lc 24, 27). Ces deux affirmations nécessaires à notre temps, c'est le mystère de l'Incarnation qui permet de les tenir – mystère où l'Esprit assume le corps jusque dans ses plaies mortelles, où le divin n'abolit pas mais accomplit l'humain. Et la Résurrection nous apparaît dès lors comme ce qui dépasse et repousse aussi bien la Soumission que la Cybernétisation.

En cela, et de plus en plus, elle n'est pas seulement le lieu de la foi en la vie éternelle, elle est aussi la raison de donner encore la vie temporelle à de petits mortels. Je le notais en introduction : il est aussi impossible de se ressusciter que de se faire naître – il y va dans les deux cas d'un pouvoir qui me transcende – et le pouvoir d'accepter absolument d'être né, malgré l'injustice, la souffrance et la mort, malgré la contingence historique d'être non pas le Moi pur ni le Soumis sans tache, mais le fils pathétique de Danielle et de Bernard, recèle au moins implicitement la foi en une gloire qui justifie les générations. Aujourd'hui, la résurrection ne garantit pas que le Paradis ; elle garantit aussi la naissance.

Les apparitions du Ressuscité comme notre tentation au désert

Les apparitions du Ressuscité s'échelonnent sur *quarante jours* (Ac 1, 3). Après quoi il s'efface dans l'Ascension, et les anges demandent aux disciples : *Hommes de Galilée, pourquoi restez-vous comme ça à regarder le ciel ?* (Ac 1, 11). Ils se font l'écho du mot de Moïse dans le Deutéronome : *La Torah n'est pas dans les cieux, qu'il te faille dire : « Qui montera pour nous aux cieux nous la chercher, que nous la mettions en pratique ? »* (Dt 30, 12). Et ils les envoient vers cette Pentecôte qui leur apprendra que Jésus n'est pas ailleurs, mais ici même, dans *l'Esprit saint, objet de la promesse, enfin répandu* (Ac 2, 33).

Comment dans ce contexte ne pas faire un parallèle entre les quarante jours d'apparitions aux disciples et les quarante jours de tentation au désert ? Quand on y songe, cela devient de plus en plus clair. Si la Tradition des Pères associe la traversée de la mer Rouge avec la résurrection du Christ, il faut bien associer en conséquence les quarante jours des apparitions du Ressuscité avec les quarante ans d'errance d'Israël parmi les sables.

Certains envient la chance des disciples : « Eux, ils l'ont vu, et nous, nous ne le voyons pas ! » Mais de l'avoir vu fut aussi une épreuve. C'était la tentation de le retenir et de se figer en une fascination hypnotique – oubliant son prochain, ne voyant même plus l'aventure et l'univers qu'il est en train de créer spécialement pour nous, avec le miracle de ce qui arrive « au coin de la rue, sur la plage, sous un arbre », comme dit la chanson, et le soleil comme un chapeau qui passe de tête en tête… On a spécialement perçu cette tentation chez Marie Madeleine ou chez Thomas Didyme. La dernière leçon du Verbe incarné fut de reprendre des gestes simples et par là de leur apprendre à ne plus le voir lui, mais à voir toutes choses en lui, et à reconnaître sa gloire partout qui affleure dans le quotidien.

Après l'Ascension, terre et ciel échangent leurs anneaux, la chair fait désormais partie des réalités invisibles, et l'Esprit, des réalités visibles. Les disciples peuvent ainsi réaliser cette simplicité que Martin Buber rencontre chez trois rabbins d'un Yiddishland à présent disparu : « Ils parlaient de choses élevées et très élevées, mais aussi des événements du jour. Des choses élevées, ils parlaient comme d'événements qui se passeraient dans leur voisinage, et des événements d'ici-bas, comme s'ils étaient tissés d'une étoffe céleste. Dans l'intervalle, ils se taisaient, mais ces silences étaient faits de leur commune présence. »

Praroman, le 12 avril 2015, dimanche de la Miséricorde.

TABLE DES MATIÈRES

Achevé d'imprimer par Sepec (France) en mars 2016
N° d'édition : MGN 16011
Dépôt légal : février 2016

IMPRIM'VERT®